Oliver Zeigermann

JavaScript für Java-Entwickler

Oliver Zeigermann

JavaScript für Java-Entwickler

schnell+kompakt

entwickler.press

Oliver Zeigermann
JavaScript für Java-Entwickler
schnell+kompakt
ISBN: 978-3-86802-109-7

© 2013 entwickler.press
ein Imprint der Software & Support Media GmbH

http://www.entwickler-press.de
http://www.software-support.biz

Ihr Kontakt zum Verlag und Lektorat: lektorat@entwickler-press.de

Bibliografische Information Der Deutschen Bibliothek
Die Deutsche Bibliothek verzeichnet diese Publikation in der Deutschen
Nationalbibliografie; detaillierte bibliografische Daten sind im Internet
über http://dnb.ddb.de abrufbar.

Lektorat: Sebastian Burkart
Korrektorat: Frauke Pesch
Satz: Karolina Gaspar
Umschlaggestaltung: Maria Rudi
Belichtung, Druck & Bindung: Elbepartner Breitschuh & Kock GmbH,
Hamburg

Inhaltsverzeichnis

entwickler.press

KAPITEL 1

Einleitung

JavaScript sieht syntaktisch aus wie ein vereinfachtes Java. Somit haben viele Java-Entwickler das Gefühl, die Sprache JavaScript eigentlich zu kennen und deshalb nicht lernen zu müssen. Allerdings ist das *Verhalten* von JavaScript deutlich anders als das von Java. Dies führt zu einer großen Anzahl von Java-Entwicklern, die zwar JavaScript nutzen, aber nie wirklich die Grundlagen der Sprache studiert haben.

Dieses Buch ist für Java-Entwickler gedacht, die mit so wenig Mühen wie möglich einen umfassenden Überblick über die Sprache JavaScript erlangen wollen oder müssen. Missverständnisse werden ausgeräumt und eine Beherrschung der Muster und Grundkonzepte von JavaScript werden vermittelt.

Bibliotheken und Frameworks werden in diesem Buch ganz bewusst und ausdrücklich nicht behandelt. Hier geht es ausschließlich um die *Sprache* JavaScript und Patterns, die für uns als Java-Entwickler wichtig sind. Die Beschreibung der Sprache und der Patterns geschieht unabhängig von allen Bibliotheken und Frameworks, d. h. egal, welches Framework oder welche Bibliothek ihr einsetzen wollt, dieses Buch vermittelt euch die dazu notwendigen Grundlagen der Sprache JavaScript.

Dieses Buch ist keine Referenz und erhebt keinen Anspruch auf Vollständigkeit. Ich verzichte auf alle Details, die nicht wirklich notwendig für das Verständnis der Sprache sind. Zu jedem Thema gibt es aber Referenzen auf die *ECMAScript*-Spezifikation,

Erklärungen beim *Mozilla Development Network* [5] oder andere passende Links. Damit sollten keine Fragen offen bleiben.

Ich beziehe mich ausschließlich auf die aktuellste ECMAScript-Version 5.1 [1, 2]. Diese Version wird von allen modernen Browsern ab Internet Explorer 9 unterstützt. Eine kurze Erklärung zu ECMAScript: ECMAScript ist der Standard und JavaScript ist dazu eine Implementierung.

Ich rege dazu an, allen Beispielcode inklusive aller Zwischenschritte selbst auszuprobieren. Wem das Abtippen bzw. Kopieren zu mühsam ist, der kann auch gern das *GitHub*-Repository zu diesem Buch auschecken. In ihm sind sämtliche Beispiele nach Kapiteln geordnet zu finden [3].

Inhalt

Ihr könnt dieses Buch von vorn bis hinten durchlesen. In diesem Fall werden alle notwendigen Grundlagen der Sprache JavaScript vermittelt – zugeschnitten auf Java-Entwickler.

Je nach Interesse, Zeit und Vorkenntnissen könnt ihr aber auch nur einzelne Kapitel lesen. Wenn ihr noch wenig oder keine Erfahrung mit JavaScript gemacht habt, solltet ihr zumindest Kapitel 2 (Grundlagen) und 3 (Funktionen) lesen. Sie bilden die Grundlage für die folgenden Kapitel. Insbesondere in Kapitel 3 sehen wir einiges, was auch für manche erfahrene JavaScript-Programmierer neu sein könnte.

In Kapitel 4 (Objekte, Prototypen und Vererbung) gucken wir uns an, wie Vererbung in JavaScript funktioniert und wie man die aus Java bekannten Mechanismen von Klassen und Vererbung auch in der JavaScript-Welt anwenden kann. Dazu nutzen wir einige Best Practices. Dieses Kapitel ist das konzeptionell anspruchsvollste des Buchs. Ich empfehle, es an einem Stück und evtl. zweimal zu lesen.

In Kapitel 5 (Module) schauen wir auf Modulkonzepte und Closures. Für dieses Kapitel solltet ihr das Wissen aus Kapitel 2 und 3 haben, Kapitel 4 ist nicht unbedingt notwendig. Wir schließen das Kapitel mit einer Betrachtung der gängigen Modulformate *AMD* und *CommonJS*.

Im letzten Kapitel (Fortgeschrittene Themen) kommen alle wichtigen Themen, die keine Grundlagen mehr sind. Hier müsst ihr nicht alles lesen, sondern könnt euch die Themen herauspicken, die euch interessieren. Besonders spannend sind dabei zusätzliche OO-Muster, die allerdings ein Verständnis der Themen aus Kapitel 4 erfordern.

Der Autor und warum dieses Buch?

Ich – das ist Oliver Zeigermann – programmiere seit über zehn Jahren in Java. Im Laufe der letzten Jahre habe ich mich – zunächst widerwillig – mit JavaScript angefreundet und programmiere nun sogar lieber JavaScript als Java. Dazu musste ich mich durch viele Missverständnisse und Wirrung kämpfen, die oft durch meinen Hintergrund als Java-Programmierer bedingt waren.

Idealerweise erspart euch die Lektüre dieses Buchs viel von dem Frust und der Verwirrung, die ich selbst erlebt habe. Das würde mich sehr freuen! Für Rückmeldungen oder Fragen könnt ihr mich gern per E-Mail kontaktieren. Meine Kontaktdaten findet ihr unter [4].

Danksagung

Ich möchte mich bei allen bedanken, die bei diesem Buch mitgeholfen haben. Das sind in alphabetischer Reihenfolge: Sebastian Burkart, Daniel Florey, Nils Hartmann, Lutz Hühnken, Markus Klink, Charlotte Krause, Oliver Langer, René Preißel, Christian

Schmidt, Alexander Weber und Stefan Zörner. Vielen Dank an euch und die anderen, die ich nur deshalb nicht erwähnt habe, weil ich vergesslich bin.

Links & Literatur

[1] HTML-Version der ECMAScript-Spezifikation 5.1: *http://www.ecma-international.org/ecma-262/5.1*

[2] PDF-Version der ECMAScript-Spezifikation 5.1: *http://www.ecma-international.org/publications/files/ECMA-ST/Ecma-262.pdf*

[3] Das GitHub-Repository für dieses Buch: *https://github.com/DJCordhose/javascript-fuer-java-entwickler*

[4] Meine Homepage: *http://zeigermann.eu/*

[5] Das Mozilla Development Network für JavaScript: *https://developer.mozilla.org/en-US/docs/Web/JavaScript*

entwickler.press

Grundlagen

2.1 Hallo Welt

Die typische Ablaufumgebung für ein JavaScript-Programm ist nach wie vor der Browser. Zwar gibt es seit einiger Zeit mit Node.js [6] die Möglichkeit, JavaScript auch auf dem Server und von der Kommandozeile aufzurufen, wir werden uns hier aber auf die Ausführung im Browser beschränken.

Im Browser läuft JavaScript durch Einbetten in eine HTML-Seite oder durch Ausführen in der JavaScript-Konsole. Alle Browser haben eine solche Konsole. In meinen Beschreibungen beziehe ich mich speziell auf den Chrome-Browser, weil er der am weitesten verbreitete Browser ist und auf allen Plattformen läuft. Zudem sind die Entwicklertools von Chrome sehr gut.

PROFITIPP: Die Entwicklertools des Chrome-Browsers sind sehr mächtig und helfen beim schnellen Ausprobieren und Debuggen von JavaScript-Code.

Für den Firefox-Browser gibt es die Firebug-Erweiterung [7], die ebenfalls eine sehr gute Unterstützung bietet.

Die JavaScript-Konsole

Starten wir mit einem kurzen „Hallo-Welt"-Programm, das wir in der JavaScript-Konsole des Browsers laufen lassen. Dazu lernen wir das globale Object *console* (nicht zu verwechseln mit der JavaScript-Konsole) kennen, das die Funktion *log()* bietet. Mit dieser Funktion könnt ihr – ähnlich wie *System.out.println()* in Java – eine Ausgabe auf der Konsole erzeugen:

```
console.log("Hallo, Welt");
```

Im Chrome kommt ihr an die Konsole über die Tastenkombinaten *CTRL + Shift + J* (auf dem Mac ⌥⌘J) oder über das so genannte „Hotdog-Menü" rechts oben heran [8]. Einen Screenshot dazu könnt ihr in Abbildung 2.1 sehen.

Abbildung 2.1: So kommt ihr im Chrome an die Entwicklertools bzw. JavaScript-Konsole

Hier könnt ihr nun direkt den JavaScript-Schnipsel von oben aufrufen und seht als Ausgabe den erwarteten „Hallo, Welt"-String.
Zusätzlich erscheint eine Zeile mit der Ausgabe *undefined*, da
die Chrome-JavaScript-Konsole auch immer die Rückgabe einer
Funktion ausgibt. Die ist in diesem Fall eben *undefined*. Salopp
kann man sich diese Rückgabe so vorstellen wie das, was bei einer
void-Methode in Java zurückgeliefert wird, nämlich nichts.

JavaScript in HTML-Seiten

Für JavaScript-Code, der mehr als ein kleines Experiment ist,
empfiehlt es sich, ihn aus einer HTML-Seite heraus aufzurufen.
Das geht, indem man den Code direkt in die HTML-Seite einbet-
tet wie in dem folgenden Beispiel.

```
<!DOCTYPE html>
<html>
<head>
    <meta charset="utf-8">
    <title>Hallo, Welt!</title>
    <script>
        alert("Hallo, Welt");
    </script>
</head>
<body>
</body>
</html>
```

Wenn ihr einen Rechner zur Hand habt, tippt dieses kleine Beispiel einmal mit einem Texteditor ab, speichert es unter *index.
html* und ruft es mit dem Browser auf. Es sollte sich eine Nach-
richtenbox mit dem Text „Hallo, Welt" zeigen. Im Chrome sieht
das Ganze in etwa wie in Abbildung 2.2 aus.

Abbildung 2.2: Die Ausgabe unseres zweiten Hallo-Welt-Programms

Der Nachteil des kleinen Skripts: es vermischt HTML und Java-Script. Das wollen wir bei dem nächsten Beispiel anders machen und beides trennen. Zudem wollen wir einer weiteren Best Practice folgen und den JavaScript-Code erst am Ende einer HTML-Seite einfügen. Dadurch müssten wir bei der Darstellung der Seite keine Verzögerung während des Ladens und Parsens des Java-Script hinnehmen:

```html
<!DOCTYPE html>
<html>
<head>
    <meta charset="utf-8">
    <title>Hallo, Welt!</title>
</head>
<body>
    <script src="hallo.js"></script>
</body>
</html>
```

Dazu nun noch die passende JavaScript-Datei hallo.js:

```javascript
alert("Hello World");
```

Die Ausgabe dieses Beispiels unterscheidet sich nicht von der des vorherigen. Wir haben hier also unser erstes JavaScript-Refactoring gesehen!

entwickler.press

IDEs

Sobald wir den Bereich der Spielereien mit JavaScript verlassen und größere Projekte angehen, stellt sich die Frage nach einer Entwicklungsumgebung. Die meisten Java-Entwickler sind komfortable IDEs wie z. B. Eclipse, Netbeans oder IntelliJ IDEA gewohnt. Häufig werden solche Werkzeuge aber von JavaScript-Entwicklern belächelt. Diese bevorzugen gern Texteditoren wie *vi, Emacs, TextMate* oder *Sublime Text.*

Ihr könnt euch nun entscheiden, ob ihr euch auf diese neue Welt einlassen oder lieber bei einer komfortablen IDE bleiben wollt – was meine Empfehlung wäre. In diesem Fall eignet sich gerade *IDEA Ultimate* hervorragend als Alleskönner, sowohl für Java als auch für JavaScript. Wem das zu teuer oder zu schwergewichtig ist, dem empfehle ich die kleine Schwester WebStorm, ebenfalls von JetBrains [9]. Diese kann im JavaScript-Bereich nicht weniger, ist aber einfacher und kostet weniger. Einen Eindruck von WebStorm bei der Arbeit könnt ihr in Abbildung 2.3 bekommen.

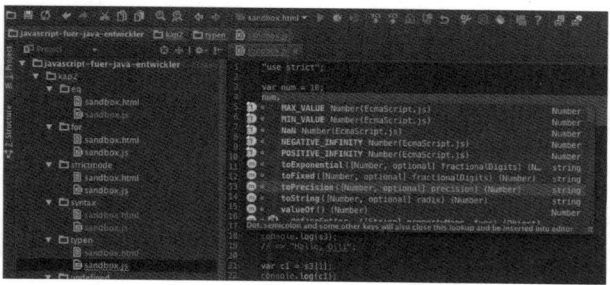

Abbildung 2.3: WebStorm im „coolen" Darcula-Theme

2.2 Typen

Wir steigen nun nach und nach in die relevanten Details der Sprache JavaScript ein. Es geht los mit Typen. Entgegen einer weit verbreiteten Meinung existieren diese in JavaScript. Neben *object* gibt es auch die drei primitiven Typen *string*, *number* und *boolean*.

Objekte

Ein Objekt in JavaScript können wir uns vereinfacht wie eine Map in Java vorstellen. Es gibt Properties als Name/Wert-Paare, die jederzeit hinzugefügt und auch wieder gelöscht werden können. Werte können ebenso jederzeit in Inhalt und Typ verändert werden. Wir hätten damit so etwas wie *Map<String, Object>*.

Ein Objekt erzeugen wir mit der folgenden Syntax, die „object literal" oder Objekt-Literal genannt wird:

```
var obj1 = {};
```

In diesem Fall haben wir ein Objekt ohne Properties erzeugt und speichern die Referenz auf das Objekt in der Variablen *obj1*.

HINWEIS: Wir gehen später in diesem Kapitel genauer auf Variablen und das Schlüsselwort *var* ein. Für unsere Zwecke reicht es hier aus zu wissen, dass Variablen mit dem Schlüsselwort *var* deklariert werden und bei der Deklaration bereits mit einem Wert initialisiert werden können.

Ihr könnt schon beim Erzeugen eines Objekts beliebige Properties angeben:

```
var obj2 = {
        name1: "Wert1",
        name2: "Wert2",
        "Beliebiger String": "Wert3"
};
```

Hier erzeugen wir ein neues Objekt mit den Properties *name1*, *name2* und *Beliebiger String*.

Der Name einer Property kann ohne Anführungszeichen stehen, wenn er wie ein Identifier aufgebaut ist. Die kompletten Regeln für den Aufbau eines Identifiers stehen unter [1]. In Kurzform darf der Identifier keine Leerzeichen und keine Zeichen enthalten, die auch sonst als Syntax dienen. Damit fallen z. B. der Doppelpunkt, das Komma, das Semikolon und Klammern weg.

Der String *Beliebiger String* muss in Anführungszeichen stehen, da er ein Leerzeichen enthält.

Der Zugriff auf Properties von Objekten kann genau wie in Java mit dem Punkt-Operator erfolgen oder – anders als in Java - mit dem []-Operator:

```
console.log(obj2.name1);
// => "Wert1"
console.log(obj2["Beliebiger String"]);
// => "Wert3"
```

Bestehende Properties können jederzeit überschrieben und neue jederzeit eingeführt werden. Auch Referenzen auf Funktionen sind möglich:

```
obj2.name1 = "Neuer Wert";
console.log(obj2.name1);
// => "Neuer Wert"
obj2.func = function() { return "Called"; };
```

HINWEIS: Wir werden später noch genauer auf Funktionen eingehen, wichtig ist hier, dass Funktionen in JavaScript auch Objekte sind und wir somit Referenzen darauf in Properties halten können.

Properties können vom jedem beliebigen JavaScript-Typ sein und können ihn auch jederzeit ändern. Auch Referenzen auf andere Objekte sind möglich. Properties können mit *delete* wieder gelöscht werden:

```
var obj3 = {
        name1: "Wert1",
        name2: "Wert2",
        bool: true,
        zahl1: 10,
        ref1: obj2, // Referenz auf obj2
        ref2: { name: "Neues Objekt" }
};
obj3.zahl1 = "zahl1 ist nun ein String!";
delete obj3.bool;
console.log(obj3.bool);
// => undefined
```

Arrays

Arrays sind in JavaScript Objekte mit erweiterten Eigenschaften. Es gibt eine spezielle Syntax, um ein Array zu erzeugen. Dazu nimmt man den *[]*-Operator:

```
var array = ["a", "b", "c"];
console.log(array);
// => ["a", "b", "c"]
```

Mit *typeof* kann man den Typ eines Ausdrucks bestimmen. Wie oben erwähnt, sind Arrays Objekte:

```
console.log(typeof array);
// => "object";
```

Einzelne Elemente eines Arrays bekommt man über den *[]*-Operator ...

```
var el = array[2];
console.log(el);
// => "c"
```

... und kann auch neue Werte direkt darüber setzen:

```
array[1] = 20;
console.log(array);
// => ["a", 20, "c"]
```

Das Pendant zur *add*-Methode in Java ist in JavaScript die *push*-Methode:

```
// fügt die 4 am Ende hinzu
array.push(4);
console.log(array);
// => ["a", 20, "c", 4]
```

Das Entfernen und das Einfügen von Elementen macht dieselbe Methode, nämlich *splice*: Zuerst das Entfernen von Elementen ...

```
// Ab Position 1 werden 2 Elemente entfernt
// und zurückgegeben
array.splice(1, 2);
console.log(array);
// => ["a", 4]
```

... dann das Einfügen:

```
// An Position 1 werden 0 Elemente
// (also keine) entfernt und zurückgegeben
// Zudem wird an Position 1 "x" hinzugefügt
array.splice(1, 0, "x");
console.log(array);
// => ["a", "x", 4]
```

Eine komplette Referenz der Operationen auf Arrays ist unter [13] zu finden.

string

String in JavaScript entspricht in etwa der aus Java bekannten *String*-Klasse. Man kann Strings über Zeichenketten angeben, die entweder in einfachen oder doppelten Anführungszeichen eingeschlossen sind. Anders als bei Java sind dabei einfache oder doppelte Anführungszeichen semantisch äquivalent.

```
var string1 = "Zeichenkette!";
var string2 = 'Geht auch!';
```

PROFITIPP: Entscheidet euch für eine Variante der Anführungszeichen und haltet euch konsequent daran, das vermeidet Missverständnisse. JSON-Objekte (Kapitel 6) erfordern zwingend doppelte Anführungszeichen, während sich bei vielen JavaScript-Programmierern eine Tendenz zu einfachen Anführungszeichen herausbildet.

typeof kennt ihr ja bereits. Damit können wir wieder den Typ bestimmen:

```
console.log(typeof string1);
// => string
```

Einzelne Zeichen, die auch wieder vom Typ String sind, können auf zwei Arten extrahiert werden: zum einen über die Funktion *charAt* und zum anderen über den *[]*-Operator:

```
var s3 = "Hallo";
var c1 = s3[1];
console.log(c1);
// => "a"
console.log(typeof c1);
// => "string"
console.log(s3.charAt(1) === c1);
// => true
```

Strings können wie in Java mit dem +-Operator aneinandergehängt werden:

```
var s1 = "Hallo, ";
var s2 = "Olli";

var s3 = s1 + s2;
console.log(s3);
// => "Hallo, Olli";
```

Wenn man viele Strings aneinanderhängen möchte, gibt es dafür eine effizientere Art. Hier wird das Erzeugen von vielen Zwischenobjekten vermieden:

```
var builder = ["a", "b", "c"];
var s4 = builder.join("");
console.log(s4);
// => "abc";
```

Dies ist im *Effekt* – jedoch nicht in der Implementierung – vergleichbar mit *StringBuilder* bzw. *StringBuffer* in Java.

HINWEIS: Wir benutzen hier die Methode *join*, die auf Arrays definiert ist. Der angegebene String – hier der Leer-String – dient als Trennzeichen.

Die komplette Referenz für Strings findet ihr unter [12].

number

Im Gegensatz zu Java kennt JavaScript nur einen einzigen Zahlentyp, nämlich *number*, der im Wesentlichen *double* in Java entspricht.

```
var int = 1;
console.log(typeof int);
// => "number";

var float = 1.0;
console.log(typeof float);
// => "number";
```

Obwohl beide Variablen vom Typ *number* sind, könnt ihr euch bei der Wandlung von einem String zwischen *int* oder *float* entscheiden:

```
var int2 = parseInt("1000.1");
console.log(int2);
// => 1000

var float2 = parseFloat("1000.1");
console.log(float2);
// => 1000.1
```

entwickler.press

parseInt und *parseFloat* sind global definierte Funktionen und damit direkt aufrufbar. Mehr zu Sichtbarkeitsbereichen und Funktionen in den folgenden Kapiteln.

Anders herum, also von *number* nach *string*, geht es auch:

```
console.log(float2.toFixed());
// => "1000"
```

Dabei kann man optional die Anzahl der Stellen nach dem Komma festlegen. Tut man das nicht, ist der Default-Wert *0*.

```
console.log(float2.toFixed(2));
// => "1000.10"
```

Man kann mit *number* so rechnen wie man es erwartet. Dabei kann es zu besonderen Ergebnissen kommen:

```
console.log(1 / 0);
// => Infinity
console.log(typeof (1 / 0));
// => "number";

console.log(0 / 0);
// => NaN
console.log(typeof (0 / 0));
// => "number";

console.log(0 / "a");
// => NaN
```

NAN steht für „Not A Number", also für „keine Zahl"! Dennoch sind sowohl *NaN* als auch *Infinite* weiterhin vom Typ *number* und ihr könntet mit ihnen sogar weiter rechnen.

Als Java-Programmierer würde man hier *Exceptions* erwarten, diese gab es jedoch nicht in der ersten Version von JavaScript. Dazu später mehr in diesem Kapitel.

Auch JavaScript hat eine kleine mathematische Bibliothek, die über das globale *Math*-Objekt [15] erreichbar ist und die grundlegenden Funktionen enthält.

boolean

Ebenso wie in Java gibt es auch in JavaScript einen booleschen Datentyp. Über ihn gibt es nicht viel zu sagen, außer: Es gibt die Literale *true* und *false* und der Typ heißt "*boolean*":

```
var bool = true;
console.log(typeof bool);
// => "boolean";
```

2.3 Variablen

Variablen deklariert man in JavaScript mit dem Schlüsselwort *var*, dabei kann man die Variable optional mit einem Wert initialisieren, zum Beispiel so:

```
var a = 10;
```

Es ist auch möglich, mehrere Variablen auf einmal zu deklarieren, dazu trennt man sie mit einem Komma. Variablen, die nicht initialisiert wurden, enthalten den Wert *undefined*. Versucht man, mit *undefinierten* Variablen oder Feldern zu arbeiten, führt das zu Fehlermeldungen. Mehr dazu im Unterkapitel *undefined vs null*.

Man kann jeder Variablen jederzeit einen neuen Wert zuweisen. Unveränderliche Variablen gibt es nicht:

```
var a = 10, b;
console.log(a);
// => 10
console.log(b);
// => undefined
b = 100;
console.log(b);
// => 100
```

Variablen können auch Referenzen auf Objekte oder Arrays enthalten.

```
var obj = {a: 10};
console.log(obj);
=> Object {a: 10}

var array = [10];
console.log(array);
// => [10]
```

Ebenso wie in Java wird der Speicher in JavaScript über eine *Garbage Collection* verwaltet. Zum Beispiel wird das Objekt *obj* so lange im Speicher gehalten, wie mindestens eine Variable darauf eine Referenz enthält oder eine Property eines anderen Objekts darauf zeigt. Hier also nichts Neues für uns Java-Entwickler.

PROFITIPP: Grundsätzlich ist es möglich, das *var*-Schlüsselwort wegzulassen. Das solltet ihr jedoch nie tun, da das Programm dann nur noch scheinbar das Erwartete tut. Tatsächlich wird eine globale Variable definiert. Es gibt jedoch Mittel und Wege, das zu verhindern. Mehr dazu am Ende des nächsten Kapitels.

Die Werte von Variablen haben zwar einen Typ, doch der kann sich zur Laufzeit jederzeit ändern:

```
var c;

c = 10;
console.log(typeof c);
// => number

c = true;
console.log(typeof c);
// => boolean

c = {wert: 10}
console.log(typeof c);
// => object
```

PROFITIPP: Entscheidet euch bei jeder Variable schon bei der Deklaration für einen Typ und ändert ihn danach nicht mehr. Dokumentiert, um welchen Typ es sich handelt, das vermeidet Überraschungen.

Wie man eine Variable und deren Typ am besten dokumentieren kann, seht ihr im nächsten Abschnitt.

2.4 Syntax

Die Syntax von JavaScript sieht auf den ersten Blick ähnlich wie die von Java aus. Auf den zweiten Blick fallen lediglich einige zusätzliche Schlüsselworte wie z. B. *var* und *function* auf. Man muss jedoch vorsichtig sein, da manche Konstrukte zwar vertraut aussehen, sich jedoch anders verhalten als erwartet.

Semikolon

Das Semikolon ist in JavaScript, anders als in Java, optional. Das wirft die Frage auf, wie in JavaScript denn ein Statement beendet wird. Denn wie in Java kann auch in JavaScript ein Statement über mehrere Zeilen gehen. Somit kommt auch das Ende der Zeile nicht als Begrenzer eines Statements in Frage.

Die Antwort der JavaScript-Väter besteht in einer Reihe von Regeln, die erschließen, wann ein Statement endet und wann eines beginnt. Diese Regeln sind in der ECMA-Spezifikation [2] definiert, sie sind allerdings kompliziert. Daher empfehlen die meisten JavaScript-Entwickler, jedes Statement mit einem Semikolon abzuschließen. Gängige Checker-Tools übernehmen diese Empfehlung, und auch ich möchte mich ihr anschließen.

PROFITIPP: Jedes Statement solltet ihr mit einem Semikolon abschließen!

Kommentare

In JavaScript gibt es genau wie in Java Blockkommentare:

```
/*
 *Dies hier ist auskommentiert
 */
```

und Kommentare für eine einzelne Zeile:

```
var a; // Dies hier ist auskommentiert
```

Zudem gibt es – per Konvention – Blockkommentare, die mit einem zusätzlichen Stern beginnen und genau wie in Java als formelle Dokumentation einer Klasse, einer Funktion oder einer Property gelten, z. B.:

```
/**
 * Der Name der Person
 */
var name;
```

Unterschiedliche Tools können diese Art der Kommentare auslesen. Das JsDoc-Tool [4] kann daraus – ähnlich wie JavaDoc für
Java – eine HTML-Dokumentation erzeugen. Googles Closure-
Compiler [5] kann sogar zusätzlich Typen- und Metainformation
aus solchen Kommentaren herauslesen und statische Checks darauf ausführen. Als kleine Anregung hier noch mal derselbe Kommentar mit Typinformationen:

```
/**
 * Der Name der Person
 * @type {string}
 */
var name = "Olli";
```

Auch IDEs wie WebStorm sind in der Lage, solche Typinformationen direkt zu nutzen. Wie WebStorm auf eine Zuweisung wie
die folgende

```
name = 10;
```

reagiert, könnt ihr in Abbildung 2.4 sehen.

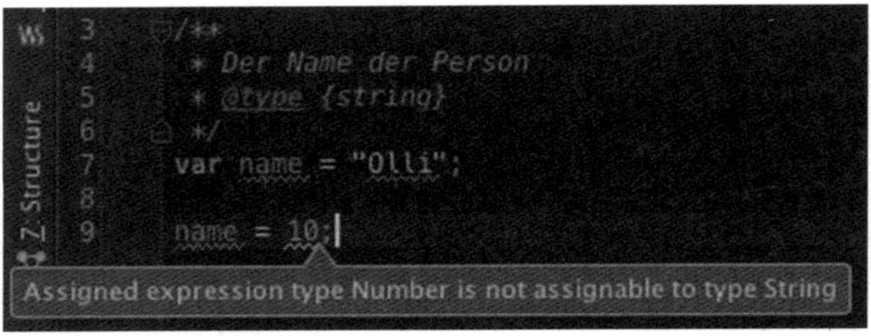

Abbildung 2.4: WebStorm bemängelt eine inkompatible Zuweisung

entwickler.press

Blöcke

Blöcke kann man in JavaScript syntaktisch genau wie in Java definieren.

```
{
// innerhalb des Blocks
}
```

Aber Vorsicht: Blöcke spannen in JavaScript keinen Sichtbarkeitsbereich (Scope) auf!

Variablen, die ihr innerhalb eines Blocks definiert habt, sind also auch nach Beendigung des Blocks sichtbar. Das ist einer der Hauptstolpersteine für Java-Entwickler, z. B.:

```
{
  var a = 10;
}
// Hoppla!
console.log(a); // => 10
```

Daher:

PROFITIPP: Man sollte Blöcke nur zum Zusammenfassen von Statements bei Kontrollstrukturen verwenden.

Sichtbarkeitsbereiche definiert ihr in JavaScript über Funktionen. Wie das geht, sehen wir im nächsten Kapitel.

2.5 == vs ===

In JavaScript gibt es zwei Vergleichsoperatoren mit ihren passenden Gegenstücken für Ungleichheit: == und ===. == heißt in JavaScript „Equals Operator" und === „Strict Equals Operator".

In aller Kürze erklärt ist === in JavaScript dem == in Java am
nächsten. == in JavaScript ist deutlich anders als == in Java, denn
in JavaScript werden noch eine ganze Reihe von Konvertierungen
versucht. Das bringt mich auch gleich zu meinem Tipp für diesen
Abschnitt:

PROFITIPP: Am besten ist es, immer === zu benutzen, da die Semantik von == nicht überraschungsfrei ist.

Aha? Dabei ist das Verhalten von == genau unter [10] definiert.
Allerdings umfasst diese Definition zehn Punkte und einige Be-
merkungen und passt auch auf einem großen Monitor nicht auf
eine Seite.

Gucken wir uns die unerwartete Semantik von == einmal genauer
an. Alle folgenden Ausdrücke ergeben *true*:

```
console.log("dog" == "dog");
console.log(1 == true);
console.log(2 != false);
console.log(2 != true);
console.log(0 == false);
console.log(-1 != false);
console.log(-1 != true);
console.log(1 == "1");
console.log(1 == "1.0");
```

Als ein Beispiel für ein unerwartetes Ergebnis möchte ich mir
mit euch angucken, warum *2* weder *false* noch *true* ist. Laut [10]
wird ein Boolean in eine Zahl gewandelt, wenn er mit etwas
anderem verglichen wird als einem Boolean. Dann werden die
beiden Werte erneut mit == verglichen. *false* wird als Zahl zu *0*,
true zu *1*.

Bezogen auf unser Beispiel, sind beide ungleich 2, daher kommt
bei beiden Vergleichen mit 2 *false* heraus.

Wer diese Erklärung naheliegend findet, alle obigen Ergebnisse
auch so erwartet hätte und auch sicher ist, dass alle seine Kollegen
das so sehen, kann meinen Tipp gern ignorieren.

Für alle anderen: nur === verwenden! Details für das Verhalten
von === ergeben sich aus [11], hier sind allerdings keine Überraschungen zu erwarten und auch hier ergeben alle folgenden
Ausdrücke *true*:

```
console.log("dog" === "dog");
console.log(1 !== true);
console.log(1 !== false);
console.log(1 === 1);
console.log(1 !== "1");
console.log(-0 === +0);
console.log(1 !== "1");
```

Objekte und Arrays werden nicht über ihre Inhalte, sondern über
ihre Referenzen verglichen. Auch diese Ausdrücke ergeben alle *true*:

```
var obj1 = {};
var obj2 = {};
var obj3 = obj1;
console.log(obj1 === obj1);
console.log(obj1 !== obj2);
console.log(obj1 === obj3);

var arr1 = [];
var arr2 = [];
var arr3 = arr1;
console.log(arr1 === arr1);
console.log(arr1 !== arr2);
console.log(arr1 === arr3);
```

2.6 undefined vs null

Wenn wir in Java ausdrücken wollen, dass eine Variable, ein Feld oder ein Parameter nicht gesetzt sind, belegen wir sie mit *null*. Dies können wir auch in JavaScript machen und das könnte dann zum Beispiel so aussehen:

```
var a = null;
console.log(a);
// => null

var obj = {a: null};
console.log(obj.a);
// => null

function n(a) {
    console.log(a);
    // => null
}
n(null);
```

Ein bisschen überraschend ist der Typ vom Wert null, er ist nämlich "object":

```
console.log(typeof null);
// => "object"
```

Bleiben wir noch einmal einen Moment bei der Java-Analogie. Wenn wir in Java einer Variablen oder einem Feld mit einem Objekttyp keinen Wert zuweisen, so haben auch diese den Wert *null*, d. h. sie zeigen auf nichts.

Schauen wir uns das in JavaScript an:

```
var a;
console.log(a);
// => undefined
console.log(typeof a);
// => "undefined"
```

In JavaScript verhält sich das offenbar anders. Eine Variable ohne Wert ist *undefined*. Und der Typ von *undefined* ist "*undefined*". Das heißt, der Wert ist nicht definiert. Das macht Sinn, oder? Es ist vielleicht sogar weniger überraschend als die implizite Initialisierung in Java.

Was ist nun aber in Java, wenn ich auf ein Feld oder eine Variable zugreife, die es nicht gibt? Oder einen Parameter einer Methode gar nicht übergebe? Oder versuche, einer Variablen den Rückgabewert einer *void*-Methode zuzuweisen? Klar, das wissen wir alle: Dieses Programm können wir nicht einmal starten, da es nicht kompiliert.

JavaScript hat aber diesen Kompilierschritt nicht, und so kann man erst einmal jedes Programm starten! Allerdings muss zur Laufzeit definiert werden, wie sich die Fälle oben verhalten sollen. Gucken wir uns diese Fälle nacheinander an. Zuerst versuchen wir, auf eine lokale Variable zuzugreifen, die es nicht gibt:

```
console.log(gibtEsNicht);
// Uncaught ReferenceError: gibtEsNicht is not
// defined
```

In diesem Fall bekomme ich eine Fehlermeldung, und die Ausführung meines JavaScript-Programms bricht ab. Ein Programmabbruch ist nicht gut, aber wie würde ich so etwas checken? Also checken, ob es eine Variable überhaupt gibt?

Ebenso wie eine Variable, die zwar deklariert, aber nicht initialisiert wurde, hat eine undefinierte Variable den Typ "*undefined*". Und den können wir prüfen:

```
if (typeof gibtEsNicht === "undefined") {
    console.log("Gibt es nicht!");
}
```

Als Nächstes sehen wir uns an, wie sich Properties von Objekten verhalten:

```
var obj = {
    a: undefined
};
console.log(obj.a);
// => undefined
console.log(obj.b);
// => undefined
```

Hier haben wir ein Objekt *obj*, das die Property a hat, die wir ganz bewusst mit dem *undefined*-Literal initialisiert haben. So etwas geht also auch! Wenn wir nun darauf zugreifen, bekommen wir genau dieses *undefined*. Dasselbe gilt für eine Property, die wir überhaupt nicht definiert haben.

Funktionen haben wir bisher noch nicht im Detail kennen gelernt. Die Behandlung von undefinierten Werten mit Funktionen müssen wir daher auf das nächste Kapitel verschieben. So viel kann ich aber schon sagen: nicht übergebene, aber deklarierte Parameter werden auf *undefined* gesetzt. Wenn eine Funktion nichts zurückliefert, man aber dennoch versucht, ihren Rückgabewert zu nutzen, so ist auch dieser *undefined*.

PROFITIPP: Setzt eine Variable oder einen Parameter explizit auf *null*, wenn ihr ausdrücken wollt, dass er mit *Absicht* nicht gesetzt ist. Bei *undefined* weiß man nie, ob etwas mit Absicht oder aus Versehen nicht gesetzt wurde. Macht euch keine Sorgen, ob Checks innerhalb von Funktionen, die ihr aufruft, *null* auch erwarten und abprüfen. Wie wir im nächsten Unterkapitel sehen werden, checkt ein und dasselbe *if*-Statement, ob eine Variable oder ein Parameter *null* oder *undefined* ist.

2.7 Kontrollstrukturen

Über Kontrollstrukturen in JavaScript kann man sehr viel erzählen. Allerdings kennen wir als Java-Entwickler davon schon das meiste. Ich möchte daher bei jedem Kontrollfluss-Statement nur die entscheidenden Unterschiede zu Java erwähnen. Eine komplettere Referenz findet ihr wieder auf MDN unter [14].

if

If-Statements kann man in JavaScript wie in Java benutzen. Allerdings könnt ihr bei der If-Klausel Werte beliebigen Typs angeben. Alle Werte evaluieren zu *true*, außer

- *false*

- *undefined*

- *null*

- *0*

- *NaN*

- der Leerstring *""*

Wenn ihr prüfen wollt, ob eine Variable oder ein Parameter vorhanden bzw. gesetzt sind, so macht ihr das einfach so:

```
var a;
// ...
if (a) {
   // a ist vorhanden und nicht null
} else {
   // a ist undefined oder null
}
```

Natürlich kann die Bedingung auch ein komplexer Ausdruck sein:

```
var a = 10;
var b = "b";
if (a === 10 && b === "b") {
    console.log("Ja");
}
```

switch

switch in JavaScript funktioniert wie in Java, nur dass der Switch über alle Typen funktioniert. Der Vergleich muss hier exakt passen, wie mit ===.

Der konditionale Operator (? :)

Wie in Java. Die Bedingung wird wie bei *if* getestet.

for

Das *for*-Statement in JavaScript sieht so ähnlich aus wie in Java. Typischerweise wird auch hier über eine Laufvariable iteriert. Die Laufvariable solltet ihr dabei immer mit *var* deklarieren und initialisieren, z. B. folgendermaßen:

entwickler.press

```
for (var i = 0; i < 10; i++) {
    console.log(i);
}
```

while und do...while

Wie in Java. Die Bedingung wird wie bei *if* getestet.

label, break, continue

Wie in Java.

for...in

Das *for...in*-Statement in JavaScript ist ein wenig wie das *foreach* in Java. Allerdings wird hier über alle Properties eines Objekts iteriert, oder besser gesagt, über die Namen aller Properties. Genau das führt bei vielen Java-Programmierern zu dem folgenden Missverständnis:

```
// Das gibt eine Überraschung!
var numbers = [1, 2, 3, 4, 5]
var sum = 0;
for (var number in numbers) {
    sum += number;
}
console.log("Summe: " + sum);
```

Was kommt da heraus? 15? Nein! Sondern "001234", da wir über die Namen der Properties des Arrays iterieren. Die Properties von Arrays sind die einzelnen besetzten Positionen des Arrays. Die Namen der Properties sind Strings mit den Indices, beginnend bei 0. Also iterieren wir mit der Laufvariablen *number* über "0", "1", "2", "3", "4". Die erste Operation von der Zahl 0 mit dem String

"0" ergibt "00". Der Gesamtstring "001234" ergibt sich durch das Anhängen der weiteren Indices als String.

Wir wollten natürlich eigentlich die *Werte* der Properties addieren. Das geht so:

```
var numbers = [1, 2, 3, 4, 5];
var sum = 0;
for (var index in numbers) {
    sum += numbers[index];
}
console.log("Summe: " + sum);
```

Hier kommt dann auch erwartungskonform *15* heraus!

2.8 Exceptions

In den ersten Versionen von JavaScript gab es keine *Exceptions*, sie wurden erst mit der Version 3 eingeführt.

Exceptions in JavaScript sind denen von Java nachempfunden. Es gibt jedoch ein paar Unterschiede. Hier erst einmal ein Eindruck als Code:

```
try {
    throw "Fehler";
    // oder
    throw new Error("Fehler");
} catch (e) {
    console.log("Gefangen: " + e);
} finally {
    console.log("Wird immer durchlaufen");
}
```

entwickler.press

Der erste Unterschied ist, dass ihr in JavaScript alles mit *throw* [17] werfen könnt und nicht nur *Throwable* wie in Java. Das gilt sogar für primitive Datentypen wie *number* oder *boolean*. Es ist jedoch üblich, *Error*-Objekte [16] zu werfen, die einer *RuntimeException* in Java nahe kommen. Als Parameter kann man eine Nachricht mitgeben.

Wie in [16] ausgeführt, hat *Error* eine Reihe von Untertypen, die vom JavaScript-System selbst geworfen werden. Man kann allerdings auch eigene Untertypen erzeugen. Das geht mit den Vererbungsmechanismen, wie wir sie in Kapitel 4 kennen lernen werden.

Alles, was mit *throw* geworfen wird, kann innerhalb eines *try... catch...finally*-Blocks auch gefangen werden. Der Unterschied zu Java ist, dass es nur einen einzigen *catch*-Block gibt. Das ist sinnvoll, da man das zu fangende Objekt nicht mit einem Typ einschränken kann.

Wird etwas nicht mit *catch* gefangen, d. h. außerhalb eines *try... catch...finally*-Blocks geworfen, so terminiert das Programm und das Geworfene wird als Fehler angezeigt.

Links & Literatur

[1] · Regeln für den Aufbau eines Identifiers auf MDN: *https:// developer.mozilla.org/en-US/docs/JavaScript/Guide/Values,_ variables,_and_literals#Variables*

[2] Regeln für das automatische Einfügen eines Semikolons: *http://www.ecma-international.org/ecma-262/5.1/#sec-7.9*

[3] Kommentare: *http://www.ecma-international.org/ecma-262/5.1/#sec-7.4*

[4] Das JsDoc-Tool zum Generieren von HTML-Dokumentationen: *https://github.com/jsdoc3/jsdoc*

[5] Der Google-Closure-Compiler, der Typinformationen aus Kommentaren nutzt: *https://developers.google.com/closure/compiler/docs/js-for-compiler*

[6] Serverseitiges JavaScript mit Node.js: *http://nodejs.org/*

[7] Firebug, Firefox-Erweiterung für Webentwicklung: *https://www.getfirebug.com/*

[8] Die Entwicklerwerkzeuge in Chrome: *https://developers.google.com/chrome-developer-tools/*

[9] JavaScript-IDE Webstorm: *http://www.jetbrains.com/webstorm/*

[10] Regeln für einen Vergleich mit ==: *http://www.ecma-international.org/ecma-262/5.1/#sec-11.9.3*

[11] Regeln für einen Vergleich mit ===: *http://www.ecma-international.org/ecma-262/5.1/#sec-11.9.6*

[12] Referenz für Strings auf MDN: *https://developer.mozilla.org/en-US/docs/Web/JavaScript/Reference/Global_Objects/String*

[13] Referenz für Arrays auf MDN: *https://developer.mozilla.org/en-US/docs/Web/JavaScript/Reference/Global_Objects/Array*

[14] Referenzen auf Kontrollstrukturen auf MDN: *https://developer.mozilla.org/en-US/docs/JavaScript/Guide/Statements*

[15] Mathematische Operation mit Math auf MDN: *https://developer.mozilla.org/en-US/docs/Web/JavaScript/Reference/Global_Objects/Math*

[16] Error: *https://developer.mozilla.org/en-US/docs/Web/JavaScript/Reference/Global_Objects/Error*

[17] Throw: *https://developer.mozilla.org/en-US/docs/JavaScript/Reference/Statements/throw*

entwickler.press

Funktionen

Funktionen sind eines der mächtigsten und komplexesten Sprachkonstrukte von JavaScript. Dabei geht das Konzept von Funktionen weit über das hinaus, was in Java mit Methoden möglich ist.

3.1 Bürger erster Klasse

Eine Funktion definiert ihr in JavaScript mit dem Schlüsselwort *function*. Dann folgen der Name der Funktion, Klammern für die deklarierten Parameter und ein Block für den Funktionskörper. Das Ganze könnte z. B. so aussehen:

```
function meineErsteFunktion() {
  console.log("Toll!");
}
Dazu der passende Aufruf:
meineErsteFunktion();
// => Toll!
```

Funktionen können auch anonym sein und haben dann keinen Namen. Ebenso wie bei einer anonymen inneren Klasse in Java ist das nur sinnvoll, wenn ihr sie direkt ausführt oder einer Variablen zuweist. Den Sinn der direkten Ausführung sehen wir weiter

hinten in diesem Kapitel, hier erst einmal die Zuweisung an eine
Variable:

```
var meineZweiteFunktion = function () {
    console.log("Auch toll!");
};
meineZweiteFunktion();
// => Auch toll!
```

Vielleicht ist euch das Semikolon am Ende der Zuweisung aufge-
fallen? Ja, das Ganze ist nun zu einem Statement geworden, und
Statements sollen ja laut Tipp aus dem letzten Kapitel mit einem
Semikolon beendet werden.

HINWEIS: Funktionen sind Objekte und können als solche einer Variablen zugewiesen oder als Parameter übergeben werden.

Hält eine Variable eine Referenz auf eine Funktion, ist die Funktion darüber mit dem *()*-Operator aufrufbar.

3.2 Sichtbarkeitsbereiche (Scopes)

Wie in Kapitel 2 gesehen, spannen Blöcke in JavaScript im Gegensatz zu Java keine Sichtbarkeitsbereiche auf. Zur kurzen Wiederholung: hier gibt es zwar einen Block, allerdings ist auch nach Beendigung des Blocks die darin definierte Variable *a* noch sichtbar:

```
{
  var a = 10;
}
// Hoppla!
console.log(a); // => 10
```

Um Sichtbarkeitsbereiche zu definieren, gibt es in JavaScript ein anderes Konstrukt:

```
(function(){
  var b = 10;
  console.log("Noch bin ich da: " + b);
})();

console.log(typeof b);
// => undefined
```

Was passiert hier? Erst einmal definieren wir eine anonyme Funktion, also eine Funktion ohne Namen. Diese führen wir sofort mit *()* aus. Das weitere Klammerpaar um die Funktionsdefinition herum ist nur aus syntaktischen Gründen notwendig.

Da Funktionen Sichtbarkeitsbereiche aufspannen, ist die Variable *b* nach der Ausführung der Funktion nicht mehr sichtbar, und wir haben erreicht, was wir wollten. Dieses Pattern ist auch unter dem Namen IIFE für *Immediately-Invoked Function Expression* bekannt [10].

Da dieses Pattern in JavaScript häufig verwendet wird und insbesondere Grundlage für Module ist, möchte ich ganz sicher gehen, dass es klar wird, und es noch ein bisschen feiner analysieren. Dazu zerlegen wir das Pattern in seine einzelnen Teile. Zuerst definieren wir die anonyme Funktion:

```
var anonFunc = function() {
  var b = 10;
  console.log("Noch bin ich da: " + b);
};
```

Nun haben wir eine Referenz auf diese Funktion in der Variablen
anonFunc. Diese müssen wir nun noch wie oben mit *()* ausführen und danach sichergehen, dass die lokale Variable nicht mehr
sichtbar ist:

```
anonFunc();

console.log(typeof b);
// => undefined
```

Der Effekt dieses Codes ist derselbe, allerdings ist die Schreibweise weiter oben die deutlich kürzere und daher die einzige, die ihr
in der Praxis nutzen würdet.

Manchmal sieht man das IIFE-Pattern mit einer leicht anderen
Klammerung. Diese leicht andere Syntax ist im Effekt jedoch
äquivalent zu unserer Version oben:

```
(function () {
    var b = 10;
    console.log("Noch bin ich da: " + b);
}());

console.log(typeof b);
// => undefined
```

Sichtbarkeitsbereiche können beliebig tief geschachtelt werden.
Aus jedem inneren Sichtbarkeitsbereich kommt ihr an alle Parameter und Variablen aller äußeren Sichtbarkeitsbereiche, nicht
aber anders herum.

Ein bisschen mehr dazu könnt ihr in Kapitel 5 finden, in dem wir
uns auch mit dem Konzept einer *Closure* beschäftigen. Hier erst
mal ein einfaches Beispiel für verschachtelte Sichtbarkeitsbereiche:

```
(function(){
    var b = 10;
    console.log(b);
    // => 10
    (function(){
        var c = "c";
        console.log(c);
        // "c"
        console.log(b);
        // 10
    })();
    console.log(typeof c);
    // => undefined
})();
```

3.3 Strict Mode

Beim Definieren von lokalen Variablen und Sichtbarkeitsbereichen kann man gerade als JavaScript-Anfänger viele Fehler machen. Hilfreich kann dabei der in ECMAScript 5 eingeführte, so genannte *strict mode* [7] sein. In diesem Modus gelten strengere Regeln für ein gültiges JavaScript-Programm.

Ihr könnt den Modus entweder für eine ganze Datei oder für einzelne Funktionen aktivieren. Dazu fügt ihr einen einfachen String mit dem Text *strict mode* ein. Für eine ganze Datei schreibt man dies an deren Anfang, für eine Funktion als Erstes in den Körper der Funktion. So würde dann der Anfang jeder eurer JavaScript-Dateien aussehen:

```
"use strict";

// ... Hier kommt der eigentliche JavaScript-Inhalt
```

Und so würde die Aktivierung für eine einzelne Funktion aussehen:

```
function strikteFunktion() {
  "use strict";
  // ... Weiterer Funktionskörper
}
```

Was bewirkt der Modus nun? Fangen wir mit dem klassischen Beispiel an, das von JavaScript-Gegnern angeführt wird, um die Minderwertigkeit von JavaScript zu beweisen. Tatsächlich machen viele Programmierer aus einem Java-Umfeld diesen Fehler mindestens einmal. Der folgende Code ...

```
function aha() {
  hugo = 10;
  console.log(hugo);
}
aha();
// => 10
console.log(hugo);
// => 10
```

... tut, was er tun soll, definiert aber auch versehentlich die globale Variable *hugo*. Dieser Code gibt also zweimal *10* aus, obwohl der Autor des Codes (ich vor einigen Jahren) *hugo* eigentlich als lokale Variable definieren wollte. Dazu fehlt aber das Schlüsselwort *var* vor der Variable *hugo*. Richtig würde der Code nun so aussehen und das zweite *console.log* gibt eine Fehlermeldung aus:

```
function aha() {
  var hugo = 10;
  console.log(hugo);
}
aha();
// => 10
console.log(hugo);
// => Uncaught ReferenceError: hugo is not defined
```

Hätten wir den *strict mode* auf dem ursprünglichen Code aktiviert, wäre der Fehler sofort aufgefallen, und schon der erste Zugriff auf *hugo* hätte die obige Fehlermeldung gegeben. In etwa so:

```
"use strict";
function aha() {
  hugo = 10;
  // => Uncaught ReferenceError: hugo is not defined
  console.log(hugo);
}
aha();
```

Dies ist nur ein Beispiel für eine ganze Reihe von wenig sinnvollem oder gefährlichem Code, den der *strict mode* verbietet. Mehr
dazu unter [7].

Zudem reserviert der *strict mode* einige Keywords, die in späteren
Versionen von ECMAScript Einzug halten könnten. So wird eine
leichte Migration gewährleistet. Unter diesen zukünftigen Schlüsselwörtern befinden sich z. B. *implements*, *interface*, und *package*.
Man ahnt also schon, wohin die Reise gehen kann.

HINWEIS: Ein Konstrukt, das wir bisher gar nicht erwähnt haben, ist das
with-Statement [9]. Für einen *with*-Block gibt man ein Objekt an. Wenn
möglich, werden in diesem Block alle unqualifizierten Variablenzugriffe auf
diesem Objekt ausgeführt. Ihr solltet dieses Konstrukt nicht verwenden, da
es zu schwer lesbarem Code führt. Im *strict mode* ist es sogar verboten.

Fast alle modernen Frameworks unterstützen den *strict mode* und
verwenden nur Sprachkonstrukte, die mit diesem Modus kompatibel sind. Daher empfehle ich, diesen Modus immer anzuschalten.
Sollte ein verwendetes Framework (wie z. B. Ext JS [8]) diesen
Modus nicht komplett unterstützen, solltet ihr ihn zumindest in allen Dateien oder Funktionen aktivieren, in denen das möglich ist.

PROFITIPP: Den *strict mode* solltet ihr komplett für jede JavaScript-Datei aktivieren.

HINWEIS: Ext JS unterstützt den *strict mode* nicht komplett [8]. In diesem Fall sollten dennoch so viele Codeteile wie möglich im *strict mode* laufen.

3.4 Parameter

Bisher hatten unsere Funktionen keine Parameter und keine Rückgabewerte. Parameter bergen für uns Java-Programmierer einige Überraschungen, denn ihre korrekte Verwendung unterscheidet sich von Methodenparametern in Java. Gucken wir uns dazu das folgende Beispiel an:

```
function incr(num) {
    return num + 1;
}
```

Diese Funktion bekommt einen Parameter mit dem Namen *num* und liefert mit *return* ein Ergebnis zurück. Im Gegensatz zu anderen Sprachen mit funktionalen Elementen erfordern Rückgaben in JavaScript das *return*-Schlüsselwort. Es ist nicht so, dass der letzte Ausdruck einer Funktion implizit als Rückgabe verwendet wird. Dieses Verhalten ist genauso wie in Java. Im Unterschied zu Java können allerdings weder für Parameter noch für den Rückgabewert Typen angegeben werden.

Dokumentation

Das Fehlen von deklarierten Typen führt im schlimmsten – und durchaus nicht außergewöhnlichen – Fall dazu, dass man bei jedem Aufruf einer Methode vorher den aufzurufenden Code analysieren muss, um herauszufinden, was man eigentlich übergeben sollte. Das ist nicht so lustig, daher ist eine konsequente Dokumentation von Funktionen, die als API dienen, noch wichtiger als in Java.

PROFITIPP: Alle Funktionen, die als API dienen, sollten konsequent mit JsDoc dokumentiert werden.

Eine gute Dokumentation unserer Funktion mit dem bereits in Kapitel 2 erwähnten JsDoc-Format könnte so aussehen:

```
/**
 * Erhöht die Eingabe um 1.
 *
 * @param {number} num die Eingabe
 * @returns {number} die um 1 erhöhte Eingabe
 */
function incr(num) {
    return num + 1;
}
```

Hier seht ihr wieder die Anlehnung an JavaDoc, und das meiste sollte euch bekannt sein. Neu sind die geschweiften Klammern *{}*, in denen sich die Typinformation der Parameter und der Rückgabe befindet – in diesem Fall *number*.

Diese Angaben sind erst einmal informell, d. h. das Zielpublikum ist der Programmierer, der die Funktion verwenden will. Es gibt allerdings Werkzeuge, die diese Kommentare für einen statischen Check nutzen. Der bekannteste und am meisten verbreitete Vertreter ist Googles Closure Compiler [4], der schon im vorherigen Kapitel erwähnt wurde.

Optionale Parameter

Es ist möglich, einer Funktion weniger Parameter zu übergeben als sie deklariert hat. Es ist auch möglich, mehr Parameter zu übergeben. Das ist nur dann eine gute Idee, wenn die Funktion auch tatsächlich optionale Parameter oder eine variable Anzahl von Parametern erwartet. Ob ein Parameter einer Funktion übergeben wurde, könnt ihr zur Laufzeit einfach prüfen:

```
function next(num) {
    return (num ? num : 0) + 1;
}
console.log("Next ohne Paramter: " + next());
// => Next ohne Paramter: 1
```

Fehlende Parameter beim Aufruf sind *undefined* und können als solche abgeprüft werden. Wenn der Parameter also fehlt, nehmen wir in unserem Beispiel stattdessen die 0, die dadurch implizit zu einem Default-Wert wird.

HINWEIS: Ein solcher Check, ob ein Wert definiert ist oder nicht, kommt häufig vor. Es gibt dafür sogar eine noch kürzere Schreibweise, die im Stil etwas funktionaler ist und im JavaScript-Umfeld als eleganter gilt: anstatt *(num ? num : 0)* schreibt man gern *(num || 0)*.

Es gibt in JavaScript keine Deklaration, um optionale Parameter oder Varargs auszudrücken, deswegen ist es dringend angeraten, auch dies in der Dokumentation festzuhalten. In JsDoc schreibt ihr dafür den Namen des Parameters in eckige Klammern und gebt optional einen Default-Wert an. Ergänzend könnt ihr den optionalen Charakter noch in der Beschreibung erwähnen:

```
/**
 * Liefert die nächste Zahl.
 *
 * @param {number} [num=0] die vorherige Zahl
 * (optional)
 * @returns {number} die nächste Zahl
 */
function next(num) {
    return (num || 0) + 1;
}
```

Variable Parameteranzahl

In jeder Funktion gibt es den Pseudoparameter *arguments*. Unabhängig davon, was man als Parameter der Funktion deklariert hat, kann man darüber auf alle tatsächlich übergebenen Parameter zugreifen. Das kann nützlich sein, wenn die Funktion eine variable Anzahl von Parametern erwartet. Die folgende Funktion nimmt beliebig viele Parameter an und summiert sie auf:

```
function sum() {
    var sum = 0;
    for (var index in arguments) {
        sum += arguments[index];
    }
    return sum;
}
console.log("Summe: " + sum(1, 2, 3, 4, 5));
// => 15
```

Dabei könnt ihr auf *arguments* wie auf ein Array mit dem *[]*-Operator zugreifen und auch seine Länge über die *length*-Property bestimmen. Allerdings ist *arguments* kein Array, und alle

Array-Operationen, die *arguments* veränden könnten, sind nicht unterstützt.

Auffallend ist noch, dass *arguments* nicht als Parameter deklariert ist. Es ist für den Aufrufer somit völlig unklar, was man dieser Funktion übergeben kann und soll.

Auch hier hilft wieder JsDoc, dieses Mal in einer Spielart, die Googles Closure Compiler [4] eingeführt hat. In unserem Beispiel unten deklarieren wir den Parameter *summanden*, der allerdings nur als Gegenstück zum JsDoc dient, im Funktionskörper jedoch keine Verwendung findet:

```
/**
 * Summiert alle Parameter auf.
 *
 * @param {...number} summanden
 * @returns {number} die Summe
 */
function sum(summanden) {
    var sum = 0;
    for (var index in arguments) {
        sum += arguments[index];
    }
    return sum;
}
console.log("Summe: " + sum(1, 2, 3, 4, 5));
// => 15
```

Das ... im Typ gibt dabei an, dass beliebig viele Parameter vom Typ *number* übergeben werden können. Eine IDE wie WebStorm ist nun in der Lage, den Aufruf zu überprüfen. Würde man beim Aufruf z. B. einen String in die Liste der Parameter einschmuggeln, würde WebStorm das bemängeln.

3.5 Funktionen höherer Ordnung

Da in JavaScript auch Funktionen Objekte sind, könnt ihr Referenzen darauf in lokalen Variablen speichern oder als Parameter an Funktionen übergeben. Übergibt man eine Funktion einer anderen als Parameter, so spricht man von diesen auch als Funktionen höherer Ordnung [1].

Das ist weniger exotisch als es klingt. So gibt es für Arrays eine ganze Reihe nützliche Funktionen höherer Ordnung [5]:

```
var array = [1, 2, 3, 4, 5];
array.forEach(function(e) {
    console.log(e);
});
// => 1
// => 2
// => 3
// => 4
// => 5
```

Auf Arrays kann man die Funktion *forEach* aufrufen, die eine Funktion als Parameter erwartet. Diese übergebene Funktion ist oft anonym, da ihr Code nur an dieser einen Stelle sinnvoll ist.

Hier wird die Funktion für jedes Element des Arrays einmal aufgerufen und das aktuelle Element als Parameter *e* übergeben. Als Ergebnis werden also die Zahlen von 1 bis 5 untereinander ausgegeben.

Natürlich kann man dies genau so mit einer *for*-Schleife tun. Eine *for*-Schleife wäre dabei ein prozeduraler Stil, das *forEach* oben eher deklarativ. Der Vorteil eines deklarativen Stils erschließt sich erst, wenn der Anwendungsfall etwas komplexer wird. Um das zu zeigen, möchte ich nur alle ungeraden Zahlen ausgeben. Dazu kann ich eine weitere Funktion von Arrays – *filter* – verwenden, deren Ausgabe ich dann als Eingabe für eine weitere Funktion verwende:

```
var array = [1, 2, 3, 4, 5];

array.filter(function (e) {
    return e % 2 !== 0;
}).forEach(function (e) {
    console.log(e);
});
// => 1
// => 3
// => 5
```

Die Filterfunktion transformiert ein Array in ein neues. Die dazu angegebene boolesche Funktion bestimmt, welche Elemente im neuen Array landen, indem sie *true* für diese Elemente liefert. Wenn sie für ein Element *false* liefert, fehlt dieses Element dementsprechend im gefilterten Array.

Zwei weitere interessante Funktionen sind *map* und *reduce*. *map* erzeugt wie Filter ein neues Array. Dabei wird jedoch über jedes Element aus dem ursprünglichen Array iteriert und mit der übergebenen Funktion in ein neues Element gewandelt. Die neuen Elemente des Arrays können sich somit nicht nur im Wert, sondern auch im Typ von den ursprünglichen Elementen unterscheiden. Das neue Array hat jedoch dieselbe Länge wie das alte.

reduce reduziert ein Array auf einen einzelnen Wert. Dazu sehen wir uns wieder ein Beispiel an. Wir wollen die Summe aller Quadrate unseres Arrays berechnen:

```
var array = [1, 2, 3, 4, 5];
var summe = array.map(function (e) {
    return e * e;
}).reduce(function (reduziert, element) {
    return reduziert + element;
});
console.log(summe);
// => 55
```

Im ersten Schritt erzeugen wir mit *map* ein neues Array, das nun die Quadratzahlen enthält. Es wieder die Länge 5 wie das ursprüngliche Array.

Dann rufen wir darauf direkt die *reduce*-Funktion auf, die über den Parameter *reduziert* das aktuelle Zwischenergebnis und über *element* das aktuelle Element an die Reduktionsfunktion übergibt. Beim ersten Aufruf wird für das reduzierte Ergebnis bereits das erste Element genommen.

Würde man diese beiden Parameter bei jedem Aufruf ausgeben, sähe das Ergebnis so aus:

```
reduziert: 1, element: 4
reduziert: 5, element: 9
reduziert: 14, element: 16
reduziert: 30, element: 25
```

Zum Vergleich: Die prozedurale Berechnung einer Summe mit einer *for*-Schleife haben wir ja bereits im letzten Kapitel gesehen. Was gefällt euch besser? Ein Richtig oder Falsch gibt es nicht.

HINWEIS: Manche sagen, prozeduraler Code sei besser zu debuggen und deklarativer Code sei leichter zu lesen.

Die hier beschriebenen Konzepte sind in Java schwierig umzusetzen, da Methoden nicht losgelöst von Klassen oder Objekten existieren können und man auch keine Referenzen auf sie erzeugen kann. Das Pendant in Java wäre ein Interface mit einer einzigen abstrakten Methode. Dieses Konzept wird in Java 8 besondere Berücksichtigung durch die Einführung von Lambdas bekommen. Hier spricht man von SAM (*single abstract method*) Typen [2], [3].

Die weit verbreitete Java-Bibliothek Guava [6] bietet Möglichkeiten einer funktionalen Programmierung auch für aktuelle Java-Versionen.

3.6 Hoisting

Unabhängig von der Position im Code führt die JavaScript-Engine alle Deklarationen eines Sichtbarkeitsbereichs schon an dessen Anfang aus. Die Initialisierung wird allerdings erst dort ausgeführt, wo sie auch im Code zu finden ist. Sehen wir uns dazu ein Beispiel an, in dem wir einen Sichtbarkeitsbereich über das in diesem Kapitel eingeführte IIFE-Konzept definieren:

```
(function() {
    console.log("Am Anfang: " + hoisted);
    // => undefined
    var hoisted = 10;
    console.log("Nach Initialisierung: " + hoisted);
    // => 10
})();
```

Beachtet bitte, dass der Code mit einer Fehlermeldung beim ersten *console.log* aussteigen würde, wenn die Variable gar nicht deklariert worden wäre. Probiert das einmal aus, indem ihr die Deklaration auskommentiert.

Man kann auch sagen, die Deklaration der Variablen wurde an den Anfang des Sichtbarkeitsbereichs „gehoben". Daher der Begriff *hoisting* für diesen Mechanismus: *to hoist (engl.) = heben*!

Die tatsächliche Ausführungsreihenfolge entspricht also eher dem folgenden Code:

```
(function() {
    var hoisted;
    console.log("Hoisted var vor Deklaration: " +
                                        hoisted);
    // => undefined
    hoisted = 10;
    console.log("Hoisted var nach Initialisierung:
" + hoisted);
    // => 10
})();
```

Um eventuell daraus resultierende Missverständnisse zu vermeiden, hat sich das Folgende als Best Practice herausgestellt:

PROFITIPP: Alle Variablen eines Sichtbarkeitsbereichs sollten an dessen Anfang deklariert werden!

Mit Funktionen gestaltet sich das *Hoisting* noch ein bisschen komplexer, da Funktionen sowohl anonym definiert und dann einer Variablen zugewiesen oder gleich mit einem Namen definiert werden können.

Wenn wir eine anonyme Funktion einer Variablen zuweisen, ist das Verhalten wie oben beschrieben. Definieren wir aber eine benannte Funktion, ist diese bereits am Anfang des Sichtbarkeitsbereichs *komplett* vorhanden! Das illustriert der folgende Code:

```
(function() {
    console.log("inner1: " + inner1);
    // => function inner1() { ... }
    inner1();
    // => Inner1

    console.log("inner2: " + inner2);
    // => undefined

    function inner1() {
        console.log("Inner1");
    };

    var inner2 = function () {
        console.log("Inner2");
    }
})();
```

Ihr seht, die benannte Funktion ist bereits am Anfang des Sichtbarkeitsbereichs komplett vorhanden und nutzbar. Die anonyme
Funktion ist zwar deklariert, allerdings noch *undefined* und daher
am Anfang des Sichtbarkeitsbereichs noch nicht nutzbar.

Links & Literatur

[1] Funktionen höherer Ordnung auf Wikipedia: *http://
     de.wikipedia.org/wiki/Funktion_h%C3%B6herer_Ordnung*

[2] SAM in einer E-Mail von Brian Goetz in der OpenJDK-Mai-
     ling-Liste: *http://mail.openjdk.java.net/pipermail/lambda-
     dev/2011-August/003877.html*

[3] SAM und Lambdas in einem Blog-Post von JRebels Anton
     Arhipov: *http://zeroturnaround.com/rebellabs/java-8-the-
     first-taste-of-lambdas/*

[4] Der Google-Closure-Compiler, der Typeninformationen aus
     Kommentaren nutzt: *https://developers.google.com/closure/
     compiler/docs/js-for-compiler*

[5] Alle Funktionen höherer Ordnung zum Iterieren auf Arrays: *https://developer.mozilla.org/en-US/docs/Web/JavaScript/Reference/Global_Objects/Array#Iteration_methods*

[6] Funktionale Programmierung mit der Java-Bibliothek Guava: *https://code.google.com/p/guava-libraries/wiki/FunctionalExplained*

[7] „strict mode" in ECMAScript 5 auf MDN: *https://developer.mozilla.org/en-US/docs/Web/JavaScript/Reference/Functions_and_function_scope/Strict_mode*

[8] Ext JS unterstützt den *strict mode* nur bedingt: *http://www.sencha.com/forum/showthread.php?132503-INVALID-EXTJSIV-1859-callParent()-breaks-Firefox-when-using-js-strict-mode*

[9] Das *with*-Statement sollte man nicht verwenden: *https://developer.mozilla.org/en-US/docs/Web/JavaScript/Reference/Statements/with*

[10] Ben Alman hat 2010 den weit verbreiteten Begriff IIFE für Scopes eingeführt: *http://benalman.com/news/2010/11/immediately-invoked-function-expression/*

Objekte, Prototypen und Vererbung

In Kapitel 2 haben wir bereits gesehen, was Objekte in JavaScript sind und was ihr mit ihnen machen könnt. Wenn ihr das nicht mehr vor Augen habt, lest noch einmal das Unterkapitel 2.2.

In diesem Kapitel möchte ich nun mit euch zusammen einige Best-Practice-Patterns anwenden, um ein Typensystem zu erstellen, das dem Klassensystem von Java ähnlich ist.

4.1 Überblick

Es gibt in JavaScript keine Klassen. Stattdessen gibt es die so genannte prototypische Vererbung. Wenn ihr ein neues Objekt erzeugt ...

```
var obj = {};
```

... so könnt ihr automatisch eine Reihe von Methoden auf diesem Objekt aufrufen, z. B. *toString()*:

```
console.log(obj.toString());
// => [object Object]
```

Das geht, da diese Methoden auf dem Typ *Object* definiert sind und jedes neu erzeugte Objekt automatisch vom Typ *Object* ist.

Ob ein Objekt von einem bestimmten Typ ist, findet ihr mit dem *instanceof*-Operator heraus:

```
console.log(obj instanceof Object);
// => true
```

So weit ist das alles noch ganz einfach und für uns Java-Programmierer auch wenig verwunderlich.

Ein Typ in JavaScript ist jedoch keine Klasse, da es in JavaScript ja keine Klassen gibt. Stattdessen wird ein Typ über eine Funktion definiert. Und so kommt es, dass ...

```
console.log(typeof Object);
// => "function"
```

... auch *Object* eine Funktion ist! Jede Funktion hat automatisch eine Property mit dem Namen *prototype*. Und auf dieser sind alle Methoden des Typs wiederum als Properties definiert. Bei dem Typ *Object* unter anderem auch *toString()*:

```
console.log(typeof Object.prototype);
// => "object"
console.log(typeof Object.prototype.toString);
// => "function"
```

Das mag erst einmal ungewohnt sein, aber so macht man das eben in JavaScript:

HINWEIS: Typen sind Funktionen und Methoden sind Properties auf der *prototype*-Property einer solchen Funktion.

Man spricht bei einer Funktion, die einen Typ definiert, auch von einer Konstruktorfunktion. Warum das sinnvoll ist, sehen wir später in diesem Kapitel.

Wie ist nun die Beziehung zwischen dem Typ *Object* und unserer Instanz *obj*? Es gibt eine spezielle Referenz von *obj* auf *Object. prototype*, und die könnt ihr wie folgt überprüfen:

```
console.log(Object.getPrototypeOf(obj) ===
                            Object.prototype);
// => true
```

Diese spezielle Referenz bekommt ihr über die statische Methode *Object.getPrototypeOf*. Sie zeigt in unserem Beispiel auf *Object. prototype*. Über diese Referenz werden Zugriffe auf Properties an ein anderes Objekt delegiert, wenn diese Properties im ursprünglichen Objekt nicht vorhanden sind. Dieses andere Objekt wird dabei *Prototyp* genannt.

Im Beispiel oben haben wir die Property *toString* verwendet. Sie wurde aber im ursprünglichen Objekt *obj* nicht gefunden. Daher wurde die Anfrage an den *Prototype* delegiert, der in unserem Fall *Object.prototype* ist und die gewünschte Property *toString* hat. Daher klappt der obige Aufruf:

```
console.log(obj.toString());
// => [object Object]
```

Das Ganze funktioniert sogar über mehrere Stufen. Ein Prototyp kann selbst wieder einen Prototyp haben. So können ganze Prototypenketten aufgebaut werden. Eine solche Prototypenkette kann auch eine Vererbungshierarchie von Typen ausdrücken.

Es bleiben allerdings noch ein paar Fragen offen. Zum Beispiel: Wie könnt ihr einen neuen Typen über eine solche Prototypenkette definieren? Oder: Wie erzeugt man ein neues Objekt eines beliebigen Typs?

Die Beantwortung dieser und einiger anderer Fragen, die sich daraus ergeben, werden wir im Rest dieses Kapitels Schritt für Schritt behandeln.

4.2 Prototypen

Wie bereits gesehen, hat jedes Objekt eine Referenz auf ein weiteres Objekt, das *Prototyp* genannt wird. Dieser *Prototyp* wird verwendet, wenn auf eine Property zugegriffen wird, die im Objekt selbst nicht vorhanden ist. Dann wird diese Property im Prototyp gesucht. Gelingt auch dies nicht, wird wiederum in dem Prototyp des Prototyps nachgeschaut. Das findet ein Ende bei *Object.prototype*, der selbst keinen Prototyp mehr hat.

Wir haben es somit mit einer Hierarchie von Prototypen zu tun, wobei *Object.prototype* letztlich der Prototyp aller anderen Objekte ist. Da jedes Objekt höchstens einen direkten Prototyp hat (*Object.prototype* hat keinen), ist die Hierarchie aller Objekte eine Baumstruktur mit *Object.prototype* als Wurzel. Der Weg von einem bestimmten Objekt bis zu *Object.prototype* wird auch Prototypenkette genannt. In Abbildung 4.1 ist diese Kette sehr einfach, sie besteht nur aus dem Objekt *Object.prototype*.

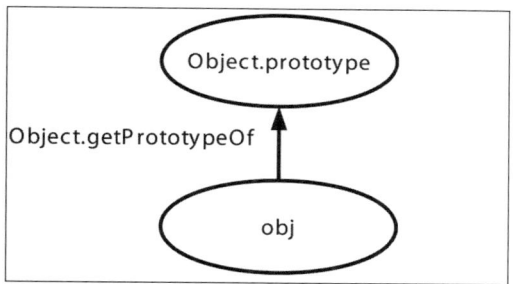

Abbildung 4.1: Die Prototypenkette von „obj" – der Pfeil gibt die
Prototypenbeziehung an

Wenn wir auf einem Objekt eine neue Property anlegen oder ihr
einen neuen Wert zuweisen, so passiert das immer auf dem eigentlichen Objekt, niemals auf einem Objekt in der Prototypenkette. Das ist auch der Fall, wenn ihr eine Property verändern
wollt, die nicht am Objekt selbst, sondern an einem Objekt der
Prototypenkette definiert ist. Dabei wird dem ursprünglichen Objekt eine neue Property hinzugefügt und diese bekommt dann den
neuen Wert. Es wird nicht etwa der Wert in dem Objekt aus der
Prototypenkette überschrieben.

4.3 Typen, Konstruktoren und new

Wir haben nun gesehen, welche Wirkung der *Prototyp* beim Zugriff auf Properties hat. Allerdings wissen wir noch nicht, wie
man ihn setzt. Das ist nicht direkt möglich, geht aber über den
Aufruf einer Konstruktorfunktion:

```
/**
 * Erzeugt eine neue Person.
 *
 * @param {string} name der Name der Person
 * @constructor
 */
function Person(name) {
    this.name = name;
}

var olli = new Person("Olli");
console.log(olli.name);
// => "Olli"
console.log(olli.toString());
// => [object Object]
```

In diesem Beispiel sehen wir die Konstruktorfunktion *Person*. Eine Konstruktorfunktion ist eine Funktion, die den folgenden Konventionen folgt:

- Ihr Name beginnt mit einem großen Buchstaben – wie ein Klassenname und damit der Name eines Konstruktors in Java

- Sie hat kein explizites *return*-Statement – wie ein Konstruktor in Java

- Sie greift über *this* auf ein neu erzeugtes Objekt zu – ebenfalls wie Konstruktoren in Java

- Sie wird mit dem *new*-Operator [4] aufgerufen – wieder wie in Java

Wenn wir nun außer Acht lassen, dass dies nur Konventionen sind, kommen wir dem Begriff des Konstruktors, wie er in Java verwendet wird schon recht nahe.

Mit dem oben gezeigten Beispiel drücken wir auch aus, dass das neu erzeugte Objekt vom Typ *Person* ist. Ebenso wie in Java bekommen wir eine Instanz dieses Typs auch in JavaScript über den

Aufruf der Konstruktorfunktion mit *new*. Diese haben wir zur Dokumentation und Überprüfung durch Werkzeuge im JsDoc-Kommentar zusätzlich mit dem Tag *@constructor* gekennzeichnet.

HINWEIS: Eine Konstruktorfunktion ist erst einmal eine Funktion. Damit könntet ihr sie auch ohne den *new*-Operator aufrufen. Das ist aber nur sinnvoll, wenn wir sie in einer Vererbungssituation als Superkonstruktor nutzen. Dazu später mehr in diesem Kapitel. In allen anderen Fällen ist der Aufruf einer Konstruktorfunktion ohne *new* ein Fehler und wird bei Angabe des *@constructor*-Tags auch von WebStorm und anderen Checkern als solcher erkannt.

Im Gegensatz zu Java fehlt hier eine Klassendefinition, d. h. die Angabe von Feldern und Methoden. Das passiert bei JavaScript dynamisch: Felder entstehen – wie wir es bereits gesehen haben – indem ich ihnen als Properties Werte zuweise. Ein Beispiel dafür ist das Anlegen des Felds *name* im unserem *Person*-Konstruktor. Dabei wird nichts weiter deklariert, sondern einfach dem Property ein Wert zugewiesen.

Diese Felder werden pro Objekt und nicht nur einmal pro Typ erzeugt. Das Hinzufügen von Feldern als Properties bei jedem neuen Objekt ist sinnvoll, da die Felder bei jedem Objekt andere Werte annehmen können. Bei Methoden ist das anders. Diese sollen nur einmal – typ- und nicht objektweise – definiert werden.

Daher bekommen alle Objekte eines Typs denselben Prototyp. Dieser Prototyp enthält alle gemeinsamen Methoden als Properties und hängt als Property *prototype* an jeder Konstruktorfunktion. Wird eine Konstruktorfunktion mit *new* aufgerufen, bekommt das damit neu erzeugte Objekt diese Property automatisch als Prototyp zugewiesen.

Aber Achtung! Oft wird diese Property *prototype* der Konstruktorfunktion mit dem Prototyp eines Objekts verwechselt oder

---

gleich gesetzt. Das ist nicht richtig. Das neu erzeugte Objekt hat keine Property *prototype*:

```
var olli = new Person("Olli");
console.log(olli.prototype);
// => undefined
```

Tatsächlich gibt es keine sichtbare Property, über die ihr den Prototyp eines Objekts auslesen könnt. Das geht nur über die Funktion *Object.getPrototypeOf()*.

```
var olli = new Person("Olli");
console.log(Object.getPrototypeOf(olli));
// => Person {getName: function}
```

Gucken wir uns das Schritt für Schritt anhand des kompletten Codes an, der das verdeutlicht. Im Beispiel unten haben wir die Konstruktorfunktion für *Person*. Diese hat die Property *prototype*. So eine Property hat jede Funktion automatisch, ohne dass wir dafür etwas tun müssten. Da *Person.prototype* ein Objekt ist, können wir diesem problemlos selbst wieder Properties zuweisen.

Das tun wir für die Property *getName*, die eine Referenz auf die passende anonyme Funktion enthält:

```
function Person(name) {
    this.name = name;
}
/**
 * Gibt den Namen der Person.
 *
 * @returns {string}
 */
Person.prototype.getName = function () {
    return this.name;
};
```

Eine Funktion, die über ein Objekt aufgerufen wird, können wir auch in JavaScript „Methode" nennen. *getName* wäre damit eine Methode von *Person*.

Die Konstruktorfunktion können wir nun aufrufen und damit ein neues Objekt erzeugen:

```
var olli = new Person('Olli');
```

Das sind die einzelnen Schritte, die beim Aufruf der Konstruktorfunktion mit *new* ausgeführt werden:

- Ein leeres, neues Objekt wird erzeugt

- Die Konstruktorfunktion hat eine Property *prototype*, diese ist selbst ein Objekt und wird als Prototyp des neuen Objekts verwendet – es wird hier keine Kopie der Property *prototype* erstellt, sondern nur die Referenz als Prototyp übernommen

- Die Konstruktorfunktion wird ausgeführt – *this* ist dabei an das neue Objekt gebunden

- *this* ist der implizite Rückgabewert der Funktion

Danach können wir die Methode *getName* auf dem neu erzeugten *olli*-Objekt aufrufen:

```
/**
 * @type {string}
 */
var name = olli.getName();
console.log(name);
// => "Olli"
```

とObjekte, Prototypen und Vererbung

Das geht, weil der Prototyp von *olli* nun eine Referenz auf die *prototype*-Property von *Person* ist. In Code ausgedrückt sähe das so aus:

```
console.log(Object.getPrototypeOf(olli) === Person.
                                            prototype);
// => true
```

Diesem *Person.prototype* haben wir ja die Methode *getName* hinzugefügt, und da *olli* selbst keine Property mit dem Namen *getName* hat, wird – wie oben beschrieben – die Anfrage an den Prototyp *Person.prototype* delegiert, der diese erfolgreich liefern kann.

Eine Alternative zum Setzen des Prototyps bietet das unter [1] beschriebene, in ECMAScript 5 eingeführte *Object.create()*. Mehr dazu in Kapitel 6.

4.4 Pseudoklassische Vererbung

Wie eingangs erwähnt, gibt es in JavaScript keine klassenbasierte Vererbung wie in Java. Allerdings sind wir in der Lage, ähnliche Effekte auch in JavaScript zu erzielen. Der hier vorgestellte Ansatz heißt „pseudoklassische Vererbung", weil er die klassischen Vererbungsmuster, wie sie in Java zu finden sind, mit den Mitteln von JavaScript realisiert. Das ist ausdrücklich ein Best Practice.

Typen und „instanceof"

Bisher haben wir gesehen, wie wir eine Konstruktorfunktion mit *new* aufrufen und dadurch ein neues Objekt erstellen. Das ist der Schlüssel zur Vererbung, und daher möchte ich es hier noch einmal genauer betrachten. Das Ganze sieht so aus:

entwickler.press

```
function Person(name) {
    this.name = name;
}
Person.prototype.getName = function () {
    return this.name;
};
var olli = new Person("Olli");
```

Für uns ist an dieser Stelle wichtig, dass eine Referenz auf *Person. prototype* als Prototyp von *olli* genutzt wird:

```
Object.getPrototypeOf(olli) ===
    Person.prototype;
```

Über diese Referenz von Prototypen auf die *prototype*-Property der Konstruktorfunktion funktioniert das Typsystem. Konstruktorfunktionen repräsentieren dabei die Typen. In unserem Biespiel ist *Person* der Typ. Ein Objekt ist von einem Typ, wenn die *prototype*-Property des Typs in der Prototypenkette des Objekts vorkommt.

Das können wir mit dem *instanceof*-Operator testen. Dessen Gebrauch ist ähnlich zu dem in Java:

```
console.log(olli instanceof Person);
// => true
console.log(olli instanceof Object);
// => true
```

Die *prototype*-Property des Typs *Person* kommt ganz offensichtlich in der Prototypenkette des Objekts *olli* vor – nämlich gleich an erster Stelle. Also ist *olli* vom Typ *Person* und *instanceof* bestätigt uns genau dies:

```
console.log(olli instanceof Person);
// => true
// Weil:
Object.getPrototypeOf(olli) ===
  Person.prototype;
```

Warum ist *olli* nun auch vom Typ *Object*? Weil auch *Object.proto-type* in der Prototypenkette von *olli* ist, nämlich als Prototyp von *Person.prototype*:

```
console.log(olli instanceof Object);
// => true
// Weil:
Object.getPrototypeOf(olli) ===
  Person.prototype;
// und
Object.getPrototypeOf(Person.prototype) ===
  Object.prototype;
```

Diese Beziehungen sind in der Abbildung 4.2 grafisch zusammengefasst.

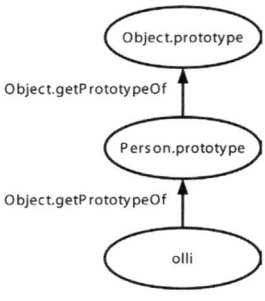

Abbildung 4.2: Die Prototypenkette von „olli"

Dabei fällt auf, dass nun auch *Person.prototype* nach der obigen Definition in einer *instanceof*-Relation zu *Object* steht:

```
console.log(Person.prototype instanceof Object);
// => true
```

Das merken wir uns erst einmal. Warum das interessant ist, sehen wir in den folgenden Abschnitten.

Vererbungsmuster mit JavaScript

Um einen Vererbungsmechanismus zu bekommen, der dem von Java ähnlich ist, müssen wir einige weitere Muster anwenden und zudem etwas Hilfscode schreiben.

Wir haben bereits gesehen, dass *olli* sowohl vom Typ *Person* als auch vom Typ *Object* ist. Damit haben wir schon unsere erste Vererbungsbeziehung: *Person* erbt von *Object*. Analog zu dem vorherigen Abschnitt könnt ihr eine Vererbungsbeziehung ebenso durch ein *instanceof* ausdrücken:

```
Person.prototype instanceof Object
```

Das wiederum gilt, da nach der obigen Definition von *instanceof* *Object.prototype* in der Prototypenkette von *Person.prototype* ist. Dieser Zusammenhang ist auch in Abbildung 4.2 zu sehen.

Wir haben auch gesehen, dass jedes Objekt automatisch eine Instanz von *Object* ist und jeder Typ automatisch von *Object* erbt. Wie bauen wir nun aber eine eigene Vererbungshierarchie auf?

Als Beispiel möchte ich bei der Person bleiben und hätte als speziellen Untertypen gern eine männliche Person *Male*. Dazu erweitere ich das Beispiel für den Typ *Person* erst einmal um die Property *gender*, also das Geschlecht der Person:

```
/**
 * Erzeugt eine Person
 *
 * @param {string} name der Name der Person
 * @param {string} gender das Geschlecht
 * @constructor
 */
function Person(name, gender) {
    this.name = name;
    this.gender = gender;
}

/**
 * Gibt den Namen der Person zurück.
 *
 * @returns {string}
 */
Person.prototype.getName = function() {
    return this.name;
}
```

Damit wir als Java-Entwickler nicht zu sehr verwirrt werden, zeige ich für jeden Schritt auch den passenden Java-Code. Die erweiterte Klasse *Person* könnte in Java so aussehen:

```
// ACHTUNG: DAS HIER IST JAVA
public class Person {
    private String name;
    private String gender;

    public Person(String name, String gender) {
        this.name = name;
        this.gender = gender;
    }

    public String getName() {
        return name;
    }

    public String getGender() {
        return gender;
    }
}
```

In Java haben wir also eine Klasse mit zwei Properties und einem passenden Konstruktor.

Jetzt bauen wir den neuen Untertyp *Male*. Dieser soll *Person* als Superkonstruktor aufrufen und dabei als Geschlecht – *gender* – fest "*Male*" übergeben. Dabei haben wir zwei Dinge zu lösen: Zum einen, wie drücken wir die Vererbungsbeziehung aus? Zum anderen, wie rufen wir den Superkonstruktor auf?

Für den Aufruf des Superkonstruktors brauchen wir die Methode *call* als Handwerkszeug. Jede Funktion hat die Methode *call*. Wir erinnern uns: Auch Funktionen sind Objekte und können daher Methoden als Properties haben. Über diese Methode *call* könnt ihr *this* beim Aufruf der Funktion an ein Objekt eurer Wahl binden. *this* wird dabei der erste Parameter beim Aufruf von *call*, die restlichen Parameter sind die eigentlichen Parameter der aufgerufenen Funktion.

Unten haben wir den *Male*-Konstruktor, der nur den Namen der Person als Parameter bekommt. *Person* ist als Konstruktorfunktion wie beschrieben über *call* aufrufbar:

```
/**
 * Erzeugt eine männliche Person.
 *
 * @param name
 * @constructor
 * @extends Person
 */
function Male(name) {
    Person.call(this, name, "Male");
}
```

Das neu durch die *Male*-Konstruktorfunktion erzeugte Objekt, das an *this* gebunden ist, wird ebenso für den Aufruf des *Person-*

Konstruktors benutzt. Dadurch ist *this* auch im *Person*-Konstruktor an dieses neue Objekt gebunden. Das Argument *name* wird einfach durchgereicht und *gender* fest auf *"Male"* gesetzt.

Ich möchte nun auch die *getName*-Methode überschreiben und dabei die *getName*-Methode des Supertyps *Person* nutzen. Das geht ganz ähnlich, die einzige Schwierigkeit ist, wie ich an diese Methode herankomme, um sie aufzurufen. Das geht über *Person. prototype*, denn dort habe ich die Methode ja definiert:

```
/**
 * Gibt den Namen einer männlichen Person zurück.
 *
 * @returns {string} der Name der Person
 * @override
 */
Male.prototype.getName = function() {
    return "Mr " +
        Person.prototype.getName.call(this);
}
```

Neu in diesen Codebeispielen sind die beiden JsDoc-Tags *@extends* und *@override*. Diese beschreiben zum einen eine Vererbungsbeziehung, zum anderen, dass wir eine Methode der Superklasse überschreiben. Semantisch genau so wie in Java.

Bisher haben wir – abgesehen von den Deklarationen in JsDoc – nirgends ausgedrückt, dass *Male* von *Person* erbt. Dazu müssten wir analog zu der Vererbungsbeziehung von *Person* und *Object* Folgendes hinbekommen:

```
Male.prototype instanceof Person
```

Diese Beziehung ist auch in Abbildung 4.3 zu sehen. Hätten wir diese Beziehung nicht, würden wir keine Methoden von *Person* erben.

Wir drücken diese Vererbungsbeziehung durch den Aufruf einer Funktion aus:

```
_extends(Male, Person);
```

Die Implementierung der *_extends*-Funktion verschieben wir an das Ende dieses Kapitels.

HINWEIS: Der Unterstrich _ ist – ebenso wie $ – ein gültiges Zeichen eines Identifiers. Wir nutzen es hier, um eine Frameworkfunktion, die nicht zu unserem eigentlichen Code gehört, kenntlich zu machen.

Auch hier wieder der passende Java-Code für die Unterklasse *Male*:

```java
// ACHTUNG: DAS HIER IST JAVA
public class Male extends Person {
  public Male(String name) {
    super(name, "Male" );
  }

  @Override
  public String getName() {
    return "Mr " + super.getName();
  }
}
```

Bevor wir uns an die *_extends*-Funktion wagen, sehen wir uns zur Erholung erst einmal die Nutzung des neuen Typs *Male* an. Hier sollte es für euch keine Überraschungen geben:

```
/**
 * @type {Male}
 */
var olli = new Male("Olli");
console.log(olli.getName());
// => "Mr Olli"
console.log(olli.gender);
// => "Male"
console.log(olli instanceof Male);
// => true
console.log(olli instanceof Person);
// => true
console.log(olli instanceof Object);
// => true
```

Diese Vererbungsbeziehung könnt ihr euch auch noch einmal in Abbildung 4.3 anschauen.

Analog zu der Nutzung in JavaScript hier wieder der Java-Code:

```
// ACHTUNG: DAS HIER IST JAVA
public class Main {
  public static void main(String[] args) {
    Male olli = new Male("Olli");
    System.out.println(olli.getName());
    // => "Mr Olli"
    System.out.println(olli.getGender());
    // => "Male"
    System.out.println(olli instanceof Male);
    // => true
    System.out.println(olli instanceof
        Person);
    // => true
    System.out.println(olli instanceof
        Object);
    // => true
  }
}
```

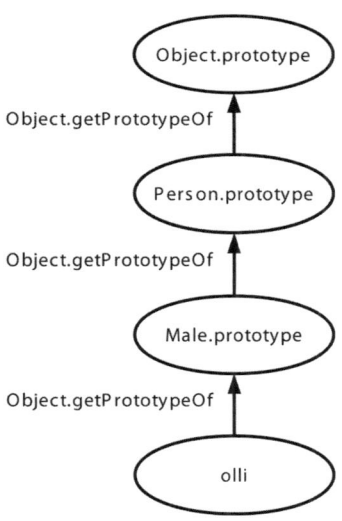

Abbildung 4.3: Die Prototypenkette von „olli" vom Typ „Male"

_extends

Kommen wir nun zum letzten und schwierigsten Teil der Vererbung, und zwar der Implementierung der Funktion _extends. Diese soll in unserem Beispiel ja ausdrücken, dass *Male.prototype* in einer *instanceof*-Beziehung zu *Person* steht.

Wir erinnern uns dazu an den Anfang dieses Unterkapitels. Da hatten wir ein Objekt vom Typ *Person* erzeugt, und dies stand offensichtlich in einer *instanceof*-Beziehung zu *Person*:

```
var olli = new Person('Olli');
console.log(olli instanceof Person);
// => true
```

Wenn nun *Male.prototype* ebenso in einer *instanceof*-Beziehung zu *Person* stehen soll, schreiben wir analog dazu:

```
Male.prototype = new Person();
```

Das ergibt als Implementierung der Funktion *_extends* die folgende allgemeine Form, die für *Male.prototype* dasselbe Ergebnis liefert:

```
function _extendsSimple(_sub, _super) {
    _sub.prototype = new _super();
}
// der passende Aufruf
_extendsSimple(Male, Person);
```

Da dies nicht die endgültige Version der *_extends*-Funktion ist, habe ich sie hier *_extendsSimple* genannt. Sie ist nicht endgültig, da sie noch zwei Schönheitsfehler hat. Allerdings findet man in vielen Beispielen im Internet genau diese hier dargestellte Form, da sie leicht zu verstehen ist.

Kommen wir nun zu den Punkten, die verbesserungsfähig sind. Wenn wir uns *Male.prototype* auf der Konsole ausgeben lassen ...

```
console.log(Male.prototype);
// => Person {name: undefined, gender: undefined,
// ...}
```

... können wir sehen, dass unserem *Male.prototype* die beiden Properties *name* und *gender* durch den Aufruf der Konstruktorfunktion *Person* hinzugefügt wurden – wenn auch mit dem Wert *undefined*. Die haben hier nichts zu suchen, stellen aber nur ein kosmetisches Problem dar.

Zudem fehlt die Property *constructor*. Diese wird in jeder *prototype*-Property automatisch auf die zugehörige Konstruktorfunktion gesetzt. Ob und wie diese Property gesetzt ist, hat meist keine praktische Relevanz [3]. Aus Gründen der Einheitlichkeit und weil einige Bibliotheken diese Property doch nutzen, sollten auch wir sie hier beibehalten. Wir haben das *prototype*-Property nun aber in *Male.prototype* mit *new Person()* überschrieben. Daher ist auch das automatisch gesetzte *constructor*-Property verschwunden.

Die oben beschriebenen offenen Punkte lösen wir in der endgültigen Version von _*extends* durch zwei Maßnahmen: Zum einen erzeugen wir eine neue Konstruktorfunktion, die die Property *prototype* von *Person* übernimmt, ansonsten aber nichts tut. Sie lässt somit das störende Erzeugen von *name* und *gender* weg, verhält sich aber ansonsten wie die Konstruktorfunktion *Person*.

Der Name dieser neuen Konstruktorfunktion hat keine Bedeutung, da wir ihn niemals durch unseren Code aufrufen. Wir nennen sie daher willkürlich __.

Der andere kosmetische Schritt ist das Setzen der Property *constructor*. Damit ist die endgültige Funktion fertig:

```
function _extends(_sub, _super) {
    // Variante der Konstruktorfunktion _super
    // Hat dieselbe Prototype-Property,
    // tut aber sonst nichts
    var __ = function () {};
    __.prototype = _super.prototype;

    // Das kennen wir schon aus _extendsSimple
    _sub.prototype = new __();

    // Setzt der Konstruktor-Property
    _sub.prototype.constructor = _sub;
}
```

In dieser sind nun die unschönen zusätzlichen Properties verschwunden und die *constructor*-Property ist richtig gesetzt. Also genau das, was wir wollten!

Diese Implementierung der *_extends*-Funktion mag willkürlich scheinen. Tatsächlich ist sie aber, wie alles in diesem Kapitel, eine Best Practice und in gängigen JavaScript-Frameworks sehr ähnlich zu finden. Zum Beispiel bietet die Google Closure Library die sehr ähnliche Funktion *goog.inherits* [5]. Die Implementierung dieser Funktion unterscheidet sich von unserer lediglich durch den Namen des temporären Konstruktors – *tempCtor* anstatt __ – und das Setzen einer zusätzlichen Property, die die Closure Library intern nutzt [6]. Auch Microsofts aktueller TypeScript-Compiler [7] erzeugt eine ähnliche Funktion beim Übersetzen von TypeScript nach JavaScript.

HINWEIS: Ihr könnt die Methode *_extends* genau so wie hier hergeleitet in euren Projekten verwenden. Es gibt keine Notwendigkeit, hierfür komplexe Frameworks einzusetzen.

Wenn ihr es bis hierhin geschafft habt: Glückwunsch. Das war sicher nicht einfach! Die Beispiele dieses Unterkapitels findet ihr auf *GitHub* unter [2] und weitere OO-Muster in Kapitel 6. Mit den hier geschaffenen Grundlagen wird es euch leicht fallen, auch diese zu durchdringen. Insbesondere findet ihr in Kapitel 6 auch eine Variante der *_extends*-Methode, die mit dem weiter oben erwähnten *Object.create* funktioniert.

Links & Literatur

[1] Erzeugen eines Objekts mit Object.create: *https://developer. mozilla.org/en-US/docs/JavaScript/Reference/Global_ Objects/Object/create*

[2] Quellen für das Vererbungsbeispiel auf GitHub: *https:// github.com/DJCordhose/javascript-fuer-java-entwickler/ tree/master/kap4/vererbung*

[3] Sinn der Property *constructor* in der *prototype* Property: *http://stackoverflow.com/questions/4012998/what-it-the- significance-of-the-javascript-constructor-property*

[4] Der *new*-Operator: *https://developer.mozilla.org/en-US/docs/ Web/JavaScript/Reference/Operators/new*

[5] Die Vererbungsfunktion in der Google Closure Library: *https://developers.google.com/closure/library/docs/ introduction#oop*

[6] Quellen der Vererbungsfunktion goog.inherit in der Google Closure Library: *https://code.google.com/p/closure-library/ source/browse/closure/goog/base.js#1474*

[7] Die Sprache TypeScript, Module, Klassen, Interfaces und statische Typen für JavaScript: *http://www.typescriptlang. org/*

Module

Unabhängig von der Programmiersprache erfordern größere Projekte mit vielen Mitarbeitern Strukturen zur Organisation des Codes. JavaScript bietet von sich aus keine solchen Mittel. Es gibt kein eingebautes Konzept für Sichtbarkeitsbeschränkungen, auch keine Module oder Packages, wie sie euch aus Java bekannt sind.

Allerdings ist es möglich, diese Konzepte mithilfe von Patterns nachzubauen. Zentral ist wieder einmal das Funktionenkonzept, diesmal aber noch in einer besonderen Spielart, der *Closure*.

5.1 Module mit Closures

Wie bereits in Kapitel 3 gesehen, sind Funktionen die einzige Möglichkeit, Sichtbarkeitsbereiche in JavaScript zu definieren. Was wir aber für Module brauchen, ist eine *selektive* Sichtbarkeit. Manche Typen, Funktionen und Felder sollen auch außerhalb des Moduls sichtbar sein, andere nicht. In unserer ersten Form ist ein Modul nur ein Sichtbarkeitsbereich, den wir mit dem aus Kapitel 3 bekannten Pattern als Funktionsblock erzeugen:

```
(function () {
  // Konstante
  var Config = {
    a: 10,
    b: "Name"
  };
})();

// ReferenceError: Config is not defined
Config.a;
```

Hier haben wir als Beispiel eine einzige Konstante innerhalb des Moduls definiert. Dadurch haben wir eine wunderbare Kapselung.

Allerdings bringt uns das wenig, da wir gerade eine solche Konstante auch außerhalb des Sichtbarkeitsbereichs über das Modul zugreifbar haben wollen. Dazu führen wir ein Objekt ein, welches das Modul darstellt. Daran können wir alles anheften, was nach außen, auch nach Beendigung des Funktionsblocks, sichtbar und zugreifbar sein soll:

```
var modul = {}; // Einfaches Objekt-Literal
(function () {
  // Konstante aus dem vorherigen Listing
  var Config = {...};

  // Export der Konstante
  modul.Config = Config;
})();

console.log(modul.Config.a);
// => 10
```

Wir sehen dabei auch, dass beim Export von Komponenten der Name innerhalb des Moduls von dem Namen außerhalb des Moduls abweichen könnte. In dem Fall oben haben wir die *Config*-Konstante mit demselben Namen exportiert. Dieser hätte für den äußeren Zugriff aber auch ein anderer sein können.

Nun erweitern wir das Modul um einen Typ und eine Funktion. Dabei wollen wir den Konstruktor des Typs *Person* nur über diese Funktion aufrufen. Wir bauen also eine *Factory*:

```
var person = {};
(function () {
    // Konstructor
    function Person(name) {
        this.name = name;
    }
    // Factory
    function CreatePerson(name) {
        return new Person(name);
    }
    // Export der Factory-Methode
    person.CreatePerson = CreatePerson;
})();

console.log(person.Person);
// => undefined

var olli = person.CreatePerson("Olli");
console.log(olli.name);
// => "Olli"
```

Dies ist auch ein Beispiel für ein Konstrukt, das innerhalb des Moduls sichtbar ist und dort benutzt werden kann, aber von außen komplett unsichtbar ist: die Konstruktorfunktion *Person*.

Bemerkenswert sind dabei zwei Dinge: Erstens beruht diese Sichtbarkeitsbeschränkung nicht auf einer Konvention, sondern wird durch die Semantik von JavaScript gewährleistet. Selbst wenn ich wollte, gäbe es keine Möglichkeit, den *Person*-Konstruktor von außerhalb der Moduldefinition aufzurufen.

Zweitens sehen wir, dass der *Person*-Konstruktor durchaus über die *CreatePerson*-Factory-Methode aufgerufen werden kann, auch wenn der Funktionsblock des Moduls bereits beendet und damit die lokale Referenz auf diesen Konstruktor aufgelöst ist.

Das wird durch eine *Closure* ermöglicht, die wir hier nebenbei erzeugt haben. Frei nach Douglas Crockford [1] kann man die Wirkung einer *Closure* so erklären:

Eine innere Funktion hat immer Zugriff auf alle Variablen und Parameter ihrer äußeren Funktion, auch wenn diese äußere Funktion bereits beendet ist.

In unserem Fall ist die innere Funktion *CreatePerson*. Die äußere Funktion ist der anonyme Funktionsblock, der den Sichtbarkeitsbereich für unser Modul herstellt. Der *Person*-Konstruktor ist eine lokale Variable dieser äußeren Funktion und somit durch die innere Funktion auch nach Beendigung der äußeren zugreifbar.

Die folgende Definition [2] arbeitet den Begriff der Closure noch klarer heraus:

Eine Closure ist eine spezielle Art von Objekt, welche zwei Dinge kombiniert: eine Funktion und die Umgebung, in welcher diese Funktion erzeugt wurde. Diese Umgebung besteht aus allen lokalen Variablen und Parametern, die sichtbar waren, als die Closure erzeugt wurde.

Unsere *Closure* ist dabei *person.CreatePerson*. Die Funktion der Closure ist offensichtlich die *Factory*-Funktion *CreatePerson*, die wir innerhalb des Moduls definiert haben. Die Umgebung sind alle lokalen Variablen, also auch der *Person*-Konstruktor.

Wir Java-Menschen kennen etwas Ähnliches bereits in Form von anonymen inneren Klassen. Auch diese können auf alle lokalen Variablen und Parameter des umschließenden Sichtbarkeitsbereichs zugreifen. Einzige Einschränkung ist, dass sie als *final* deklariert sein müssen.

Im folgenden Beispiel erzeugen wir eine solche Java-Analogie für eine Closure. Zuerst die äußerer Funktion, bzw. hier Methode:

```java
// ACHTUNG: DAS HIER IST JAVA
Runnable createInnerClass(final int i) {
    final String name = "Olli";
    return new Runnable() {
        @Override
        public void run() {
            System.out.println(name + i);
        }
    };
}
```

Die anonyme innere Klasse – hier als Implementierung von *Runnable* – greift über ihre Umgebung auf die lokale Variable *name* und den Parameter *i* zu. Diese Umgebung wird durch den Sichtbarkeitsbereich der äußeren Methode *createInnerClass* definiert.

Auch nachdem dieser Sichtbarkeitsbereich verlassen und die anonyme innere Klasse aus diesem zurückgegeben wurde, kann die innere Klasse nach wie vor auf diese Variablen zugreifen. Somit gibt dieser Aufruf ...

```
// ACHTUNG: DAS HIER IST JAVA
Runnable innerClass = createInnerClass(10);
innerClass.run();
```

... *Olli10* auf der Konsole aus!

PROFITIPP: Ebenso wie in anonymen inneren Klassen in Java lauern bei Closures Fallen für Speicher- und Ressourcenlecks.

5.2 Das Revealing Module Pattern

Es gibt eine ganze Reihe von Patterns, die *Closures* nutzen, um Module zu definieren. Addy Osmani hat sie unter [4] für uns zusammengefasst. Eine der gebräuchlichsten und am weitesten fortgeschrittenen Varianten des Modul-Patterns ist das „Revealing Module Pattern" [6]. Die Idee ist dabei, alles in einem Modul erst einmal privat zu machen und am Ende des Moduls an einer einzigen Stelle die öffentlichen Teile zu exportieren.

Tatsächlich entspricht dies im Wesentlichen dem, was wir im letzten Abschnitt hergeleitet haben! Den einzigen Unterschied, den man in der Literatur findet, ist die Art und Weise, wie man Teile öffentlich macht. Das sieht man oft so:

```
var person = (function () {
    // Constructor
    function Person(name) {
        this.name = name;
    }

    // Factory
    function Create(name) {
        return new Person(name);
    }

    // Export der Factory-Methode
    return {
        CreatePerson: Create
    };
})();
```

In unserem hergeleiteten Code hatten wir das Modul nicht in dem Sichtbarkeitsbereich erzeugt, sondern ein außerhalb der Definition erzeugtes Modulobjekt erweitert. Das ist der einzige Unterschied.

Beide Varianten sind damit im Prinzip äquivalent, und wir könnten die weitere Betrachtung mit jeder der beiden ohne wesentliche Unterschiede fortführen. Ich entscheide mich an dieser Stelle für unsere Variante, da diese zum einen auch von TypeScript [5] verwendet wird und wir mit unserer Variante ein Modul in mehreren Teilen, auch über mehrere Dateien verteilt, definieren können.

5.3 Namensräume und Importe

Ebenso wie mit Packages in Java, ist es bei JavaScript üblich, Module nach Zugehörigkeit in unterschiedliche Namensräume zu schachteln. Dabei halten wir uns an dieselben Konventionen wie in Java. Namensräume werden klein geschrieben und ohne „camelCase".

Wenn wir diese Konventionen auf unseren hergeleiteten Code anwenden, sieht dieser wie folgt aus:

```
var eu = {};
eu.zeigermann = {};
eu.zeigermann.person = {};
(function () {
    // Constructor
    function Person(name) {
        this.name = name;
    }

    // Factory
    function Create(name) {
        return new Person(name);
    }

    // Export der Factory-Methode
    eu.zeigermann.person.CreatePerson =
        Create;
})();

var olli =
  eu.zeigermann.person.CreatePerson("Olli");
console.log(olli.name); // => "Olli"

// => undefined
console.log(eu.zeigermann.person.Person);
```

Dabei müsst ihr beachten, dass jeder Teil des Namensraums wieder selbst ein Objekt ist. Die Zuweisung auf *eu.zeigermann.person* funktioniert nur deshalb, weil wir vorher sowohl *eu* als auch *eu.zeigermann* mit einem Objekt-Literal initialisiert haben.

Ansonsten ist der Code unverändert, lediglich hat sich die Referenz auf unser Modul sowohl in der Moduldefinition als auch in der Nutzung verändert. Aber genau das stört. Zum einen ist die Referenz lang und unübersichtlich geworden: *eu.zeigermann.person*. Zum anderen, und das ist schwerwiegender, musste ich die Referenz bei dieser Umstellung an vielen verstreuten Stellen nachziehen.

Die Einführung von Namensräumen ist ein Sonderfall, der selten vorkommt. Allerdings bekommt man das Problem auch dann, wenn man Module verschiebt oder einfach nur ihren Namen ändert.

Wir kommen dem bei, indem wir Referenzen auf Module in die Definition importieren. Das entspricht im Wesentlichen der von Addy Osmani beschrieben „Import"-Variante aus [4]. Damit sieht der Code für die Moduldefinition nun so aus:

```
var eu = {};
eu.zeigermann = {};
eu.zeigermann.person = {};
(function (person) {
    // Constructor
    function Person(name) {
        this.name = name;
    }

    // Factory
    function Create(name) {
        return new Person(name);
    }

    // Export der Factory-Methode
    person.CreatePerson = Create;
})(eu.zeigermann.person);
```

Wir übergeben hier die Referenz auf das Modul *eu.zeigermann. person* als einen Parameter an den Funktionsblock. Das Modul steht dem Funktionsblock dann als *person* für die Definition zur Verfügung. Das hat den Vorteil, dass wir keinen unübersichtlichen Namen innerhalb der Definition haben.

Ich möchte an dieser Stelle nicht verheimlichen, dass das automatische Refactoring auch mit solchen Konventionen eine Herausforderung bleibt. Die von mir empfohlene IDE WebStorm ist zwar in vielen Fällen in der Lage, ein solches Refactoring durchzuführen, allerdings hat man nie die Sicherheit, auch wirklich alle zu ändernden Stellen erwischt zu haben. Das ist nicht Schuld der IDE, sondern ein Nachteil des dynamischen Charakters von JavaScript. Eine statische Analyse des Programms, die man für ein Refactoring braucht, ist dadurch nicht zu 100 Prozent zuverlässig möglich.

PROFITIPP: Den Erfolg jedes Refactorings in JavaScript sollte man durch Tests sichern und zudem so oft wie möglich Typeninformationen über JsDoc deklarieren.

Als Letztes kommen wir nun noch zu der Nutzung des Moduls. Auch das können wir besser schreiben:

```
eu.zeigermann.main = {};
(function (main, person) {
    function Main() {
        var olli =
            person.CreatePerson("Olli");
        console.log(olli.name);
        // => "Olli"

        console.log(person.Person);
        // => undefined
    }
    main.Main = Main;
})(eu.zeigermann.main, eu.zeigermann.person);

eu.zeigermann.main.Main();
```

Wir führen dazu das neue Modul *eu.zeigermann.main* ein. Dieses exportiert eine statische Main-Funktion, die eine ähnliche Aufgabe wie die *main*-Methode in Java hat. Zusammen mit dem *eu.zeigermann.person*-Modul übergeben wir dieses neue Modul in die Moduldefinition. Man kann auch sagen, wir importieren das *eu.zeigermann.person*-Modul, und zwar mit dem Namen *person*, der sich aus dem Namen des Parameters ergibt. Unter diesem Namen kann ich nun in der Moduldefinition auf das importierte Modul *person* zugreifen.

Zuletzt wird die Main-Funktion aufgerufen, und diese nutzt vom *person*-Modul importierte Funktionalitäten.

Effektiv haben wir damit ein Modulkonzept mit einem wohldefinierten Import- und Exportmechanismus kennen gelernt. Unser Konzept entspricht den gängigsten Patterns im JavaScript-Umfeld.

5.4 Standardformate für Module

Wie in der Einleitung erwähnt, beschränkt sich dieses Buch auf die Sprache JavaScript und ihre für Java-Entwickler wichtigsten Pattern. Allerdings möchte ich an dieser Stelle auf die beiden unter [3] beschriebenen Standardformate für Moduldefinitionen eingehen: *AMD* und *CommonJS*. Die allermeisten Bibliotheken und Frameworks benutzen oder unterstützen mindestens eines dieser beiden Modulformate.

AMD

Das AMD-Format (*Asynchronous Module Definition*) ermöglicht das asynchrone Laden von JavaScript-Modulen im Browser. Dabei definiert man Module mit ihren Abhängigkeiten und ein Modul-Lader löst sie durch asynchrones Nachladen der Abhängigkeiten auf. Als Beispiel hier ein Teil der Definition des Main-Moduls aus dem vorherigen Unterkapitel:

```
define(
['eu/zeigermann/person'], function(person){
  var olli = person.CreatePerson("Olli");
});
```

Dieses Modul hat keinen Namen und eine einzige Abhängigkeit zu einem anderen Modul, das unter *eu/zeigermann/person* definiert ist. Diese Abhängigkeit bekommen wir als Import mit dem Namen *person* in die Moduldefinition übergeben.

Ein Export, z. B. von *CreatePerson* in dem *Person*-Modul könnte folgendermaßen aussehen:

```
define("person", [], function () {
    // ...
    return {
        CreatePerson: Create
    };
});
```

Dieses Modul hat nun einen Namen, nämlich *"person"*, aber keine Abhängigkeiten.

Die bekannteste und am weitesten verbreitete Version eines AMD-Modul-Laders ist *RequireJS* [7]. Es gibt allerdings auch Werkzeuge, die AMD-Module für die Produktion optimiert in einem File zusammenstellen können. *r.js* [8] ist ein Teil von *RequireJS* und kann neben dem Zusammenstellen von AMD-Modulen diese auch für *node.js* verfügbar machen.

CommonJS

Das *CommonJS*-Format hat sich auf der Serverseite etabliert und wird unter anderem von *node.js* verwendet. Es ist jedoch für einen allgemeineren Anwendungsfall gedacht und damit auch für

Browseranwendungen nutzbar. Abhängigkeiten definiert man hier über

```
var person = require('eu/zeigermann/person');
```

Danach kann man alle exportieren Funktionalitäten des so importierten Moduls verwenden, z. B.:

```
var olli = person.CreatePerson("Olli");
```

Über das *exports*-Objekt kann man selektiv Teile des Moduls zur Benutzung durch andere Module freigeben.

Analog zu dem Beispiel in Unterkapitel 5.3 könntet ihr in *CommonJS* so die Funktion *CreatePerson* freigeben:

```
module.exports.CreatePerson = Create;
```

Praxis

Wir haben nun drei unterschiedliche Arten gesehen, Module zu definieren. Unser hergeleitetes Pattern, *AMD* und *CommonJS*. Was sollen wir nun in der Praxis machen?

Das kommt ganz auf euer Projekt an. Baut ihr eine Serveranwendung, ist *CommonJS* eine gute Wahl, da *node.js* damit am natürlichsten funktioniert. Bei einer Browseranwendung ist *AMD* mit *RequireJS* der Standard.

Wenn ihr eine Bibliothek oder ein Framework bauen wollt, müsstet ihr am besten alle drei Arten unterstützten. Hier ein kleines Beispiel, wie *jQuery* dies umsetzt. *jQuery* [9] ist *das* JavaScript-Framework für Browseranwendungen. Die Kommentare sind von mir, der eigentliche Code kommt *unverändert* aus der Version 1.10.1:

```
// Modul mit Import wie bei unserem Pattern
(function(window) {
  // Hier ca. 10 000 Zeilen Code ausgelassen,
  // die die jQuery-Funktionalität definieren

  // Dann, ganz am Ende:

  // Check, ob ein CommonJS-Framework
  // definiert ist, dann nutzt jQuery das
  if (typeof module === "object" &&
      module &&
      typeof module.exports === "object" ) {
    module.exports = jQuery;
  } else {
    // Sonst wird das jQuery-Objekt
    // über jQuery und $ auf dem globalen
    // Objekt window exportiert
    window.jQuery = window.$ = jQuery;

    // Wenn ein AMD-Framework definiert ist,
    // wird jQuery darüber definiert
    if (typeof define === "function" &&
        define.amd ) {
      define( "jquery", [], function () {
        return jQuery;
      });
    }
  }
})( window );
```

Links & Literatur

[1] Closure nach Douglas Crockford: *http://javascript.crockford. com/private.html*

[2] Closures auf MDN: *https://developer.mozilla.org/en-US/ docs/Web/JavaScript/Guide/Closures*

[3] Addy Osmani gibt eine ausführliche Betrachtung der unterschiedlichen Modulformate AMD und CommonJS: *http:// addyosmani.com/writing-modular-js/*

[4] Modulpattern von Addy Osmani: *http://addyosmani.com/ resources/essentialjsdesignpatterns/book/#module patternjavascript*

[5] Die Sprache TypeScript, Module, Klassen, Interfaces und statische Typen für JavaScript: *http://www.typescriptlang. org/*

[6] Revealing Module Pattern, in: Stoyan Stefanov: „JavaScript Patterns"

[7] Der AMD-Modul-Lader RequireJS: *http://requirejs.org/*

[8] Kommandozeilenwerkzeuge, das AMD-Module für die Produktion optimieren und auch für node.js bereitstellen kann: *https://github.com/jrburke/r.js/*

[9] jQuery, *das* JavaScript-Framework für Browseranwendungen: *http://jquery.com/*

Fortgeschrittene Themen

In diesem Kapitel sind alle Themen gelandet, die für euch wichtig sein können, allerdings nicht Grundlage für die Themen aus anderen Kapiteln sind.

6.1 Wie wird „this" gebunden?

Wir haben in Kapitel 4 bereits zwei Möglichkeiten gesehen, wie *this* an einen Wert gebunden werden kann. Zum einen wird ein mit *new* neu erzeugtes Objekt beim Konstruktoraufruf an *this* gebunden. Zum anderen wird *this* beim Aufruf einer Methode auf das zugehörige Objekt gesetzt. Diese Möglichkeiten kennen wir auch aus Java.

Allerdings kann *this* noch durch eine Reihe weiterer Mechanismen gesetzt werden. Außerdem ist das Setzen von *this* bei einem Methodenaufruf doch gar nicht so klar, wie es auf den ersten Blick scheinen mag. Dieser Abschnitt bringt hier Klarheit hinein, listet die weiteren Möglichkeiten auf und erläutert sie.

Globaler Sichtbarkeitsbereich

Code, der nicht innerhalb eines Funktionskörpers ausgeführt wird, benutzt den globalen Sichtbarkeitsbereich. In diesem Bereich operiert euer Code auf einem globalen Objekt. Das ist im Browser *window*, über das ihr auf das DOM [20] des Browsers zugreifen könnt. *this* ist im globalen Sichtbarkeitsbereich an dieses Objekt gebunden. Der folgende Code illustriert das:

```
var person = {name: "Olli"};

console.log(this.person);
// => Object {name: "Olli"}

console.log(person === this.person);
// => true

console.log(this === window);
// => true

console.log(this.person === window.person);
// => true
```

Konstruktoraufruf

Wenn eine Konstruktorfunktion mit *new* aufgerufen wird, wird ein neues Objekte erzeugt und innerhalb der Konstruktorfunktion an *this* gebunden. Die genauen Details – und da gibt es einige – haben wir bereits in Kapitel 4 gesehen. Falls ihr das noch nicht gelesen habt, tut es nun!

Direkter Methodenaufruf

In JavaScript könnt ihr Funktionen wie Methoden nutzen. Ihr ruft eine Funktion als Property eines Objekts auf und die Referenz auf dieses Objekt wird innerhalb der Funktion an *this* gebunden. Das ist dem Methodenaufruf in Java ähnlich und wird in dem folgenden Beispiel gezeigt, das wir so ähnlich schon einmal in Kapitel 4 gesehen haben:

```
function Person(name) {
    this.name = name;
}
var olli = new Person("Olli");
Person.prototype.getName = function () {
    return this.name;
};
```

Zuerst erzeugen wir ein Objekt *olli*. Dies hat die Funktion *getName* über den Prototyp und den String *name* als direkte Property. Beim Aufruf der Funktion *getName* über das *olli*-Objekt kann nun innerhalb der Funktion über *this* auf *olli* zugegriffen werden. Daher wird hier der String *"Olli"* zurückgegeben:

```
console.log(olli.getName());
// => "Olli";
```

Es gibt aber grundsätzliche Unterschiede gegenüber Java. Eine Methode in Java kann man nur auf einem Objekt einer Klasse aufrufen, in der die Methode auch definiert ist. Und *this* ist in Java automatisch genau dieses Objekt.

In JavaScript bestimmt jedoch der Ausdruck links neben dem „.", an was *this* innerhalb der Funktion gebunden wird. Die Funktion selbst ist bei der Definition weder an irgendeinen Typ noch an ein

Objekt gebunden. Wenn man über einen Ausdruck Zugriff auf die aufzurufende Funktion bekommt, so klappt dies grundsätzlich mit jedem Objekt. So wie hier:

```
var oma = {
    name: "Oma"
};
oma.getName = olli.getName;
console.log(oma.getName());
```

Ich erzeuge ein ganz neues Objekt *oma* und füge ihm die Referenz auf die Funktion *getName* aus *olli* als Property hinzu. Was wird der Aufruf von *getName* liefern? Wenn man das Obige beachtet, ist das ganz klar: *"Oma"* und nicht *"Olli"*!

Wir haben hier also einen Mechanismus gesehen, wie ich eine Methode auf einem beliebigen Objekt aufrufen kann. Wie das weniger umständlich geht und wofür es gut sein kann, sehen wir im nächsten Abschnitt.

Methodenaufruf über „call" bzw. „apply"

Wie bereits gesehen, ist eine Funktion bei der Definition nicht an einen bestimmten Objekttyp oder ein bestimmtes Objekt gebunden. *this* wird stattdessen dynamisch durch das Objekt bestimmt, über das ihr die Funktion als Methode aufruft.

Wir haben im vorherigen Abschnitt eine syntaktisch umständliche Methode gesehen, das zu tun. Es geht auch leichter, und zwar mit den beiden Methoden *call* und *apply*, die auf Funktionen definiert sind. Diese erlauben das beliebige Binden von *this* beim Aufruf einer Funktion. Bei beiden ist der erste Parameter das Objekt, welches an *this* gebunden werden soll:

```
var oma = {
    name: "Oma"
};
// getName ist die Funktion aus dem vorherigen
// Abschnitt
console.log(olli.getName.apply(oma));
// => "Oma";
console.log(olli.getName.call(oma));
// => "Oma";
```

Hier wird also die Funktion *getName*, die ich aus dem *olli*-Objekt hole, mit *oma* als *this* aufgerufen.

Das geht mit den Funktionen *call* und *apply* gleich. Die beiden Funktionen unterscheiden sich nur durch ein Detail, das man erst sieht, sobald man beide mit zusätzlichen Parametern aufruft. Dafür schreibe ich erst einmal eine Funktion mit Parametern, die ich ganz bewusst global definiere:

```
function fullName(title, lastName) {
    return title + " " + this.name + " " + lastName;
}
```

Bei *apply* gebe ich diese Parameter als ein *Array* an, bei *call* wie bei dem direkten Aufruf als einzelne Parameter. In etwa so:

```
var fullName1 = fullName.call(oma, "Frau",
                                    "Torbogen");
console.log(fullName1);
// => Frau Oma Torbogen

var fullName2 = fullName.apply(oma, ["Frau",
                                    "Torbogen"]);
console.log(fullName2);
// => Frau Oma Torbogen
```

Ein Beispiel für die Benutzung dieser Funktionen haben wir in Kapitel 4 gesehen. Dort haben wir den Konstruktor einer Superklasse aufgerufen: dann natürlich mit dem aktuell bereits in der Unterklasse erzeugten Objekt. Ein weiteres Beispiel sind Callback-Funktionen, die wir etwas weiter unten genauer betrachten.

HINWEIS: Der einzige Unterschied zwischen *call* und *apply* ist der, wie Argumente übergeben werden. *call* ist dann praktisch, wenn ihr die Argumente direkt und explizit hinschreiben wollt. Dann spart ihr euch das Einpacken in ein Array. *apply* kann praktisch sein, wenn die Argumente bereits als ein Array vorliegen. Das wäre z. B. der Fall, wenn ihr sie über *arguments* in einer Funktion übergeben bekommen habt.

„bind"

In den vorherigen Abschnitten wurde davon berichtet, dass *this* erst dynamisch beim Funktionsaufruf gebunden wird. Seit ECMAScript 5 ist das jedoch nicht mehr die einzige Möglichkeit. Stattdessen könnt ihr aus jeder Funktion eine neue, gebundene Funktion erzeugen, bei der zumindest *this*, evtl. noch weitere Parameter gebunden sind [4]. Wir nutzen das Beispiel aus dem vorherigen Abschnitt:

```
var oma = {
    name: "Oma"
};
function fullName(title, lastName) {
    return title + " " + this.name + " " + lastName;
}
```

Es gibt darin ein *oma*-Objekt und eine Funktion, die davon ausgeht, dass *this* an ein Objekt gebunden ist, welches die Property *name* hat. Nun erzeugen wir aus dieser Funktion eine neue und binden darin *oma* fest an *this*:

```
var bound1 = fullName.bind(oma);
```

Die neue, gebundene Funktion *bound1* kann ich nun direkt aufrufen, und ihr bekommt dieselben Ergebnisse, als ob ihr sie dynamisch an *oma* gebunden hättet:

```
var fullName1 = bound1("Frau", "Torbogen");
console.log(fullName1);
// => Frau Oma Torbogen
```

Es ist auch möglich, einige oder alle Parameter, und nicht nur *this*, zu binden:

```
var bound2 = fullName.bind(oma, "Frau", "Torbogen");
var fullName2 = bound2();
console.log(fullName2);
// => Frau Oma Torbogen
```

Diese Bindungen sind dynamisch nicht mehr veränderbar. Auch wenn ihr z. B. beim Aufruf über *call* versucht, *this* anders zu setzen, führt das nicht zu dem erwarteten Erfolg:

```
var opa = {
    name: "Opa"
};
var fullName3 = bound2.call(opa);
console.log(fullName3);
// => Frau Oma Torbogen
```

„call"/„apply" und „bind" für Callbacks

Ich bin euch noch ein überzeugendes Beispiel für den Einsatzbereich von *call*/*apply* und *bind* für Callback-Funktionen schuldig.

Asynchrone Programmierung ist in JavaScript weiter verbreitet als in Java. Dabei ruft ihr eine Funktion auf und wartet nicht, bis diese beendet ist und eventuell einen Wert zurückgibt. Stattdessen gebt ihr dieser aufgerufenen Funktion eine so genannte Callback-Funktion als Argument mit. Die aufgerufene Funktion ruft dann diese Callback-Funktion auf, sobald sie beendet ist und/oder eine Rückgabe für uns hat.

Das ist z. B. bei Serveraufrufen der Fall, bei denen man nicht genau weiß, wie lange sie dauern. Anders als bei Java kann man dies nicht in einem eigenen Thread tun, da JavaScript im Browser in einem einzigen Thread ausgeführt wird. Das erklärt auch, warum ich einen solchen Serveraufruf nicht blockierend machen sollte, denn dann würde die gesamte Anwendung hängen.

Aber auch ohne die Einschränkung auf einen einzigen Thread sind Callback-Funktionen sinnvoll. Ein Beispiel, das ihr auch aus der Java-Welt kennt, sind Reaktionen auf Ereignisse: beispielsweise, ob ein Benutzer auf einen Knopf gedrückt hat.

Liegt eine solche Callback-Funktion als Methode eines Objekts vor, muss *this* bei ihrem Aufruf wieder an dieses Objekt gebunden werden. Eine Möglichkeit ist, dass ihr *this* bei der Registrierung der Callback-Funktion als weiteren Parameter mitliefert und die Callback-Funktion dann später mit *call* oder *apply* und diesem *this* aufgerufen wird. Die andere Möglichkeit nutzt *bind*. Hier würdet ihr die Callback-Funktion selbst an *this* binden, bevor ihr sie übergebt. So könntet ihr sicher sein, dass *this* immer korrekt gesetzt ist.

entwickler.press

Wie wir gesehen haben, lauern mit *bind* auch Gefahren, da *this* nicht mehr dynamisch gesetzt werden kann. Dazu könnt ihr auch nicht abfragen, ob *this* schon fest gebunden ist.

call oder *apply* sind in jedem Fall ohne Alternative, wenn ihr nicht von vornherein wisst, an was *this* gebunden werden soll, wie z. B. bei dem in Kapitel 4 gezeigten Aufruf von Superkonstruktoren oder Supermethoden.

6.2 Weitere OO-Pattern

In Kapitel 4 haben wir gesehen, wie man in JavaScript ein Typensystem aufbauen kann, das dem von Java ähnlich ist. Dabei haben wir uns der gängigen Best Practices bedient. Darauf aufbauend folgen hier weitere OO-Pattern, die allerdings weitaus weniger komplex und weniger grundlegend sind.

Wie man die hier benannten OO-Konzepte in JavaScript umsetzt, ist zum Teil kontrovers. JavaScript erlaubt wie ein Baukasten unterschiedliche Herangehensweisen. Ich werde jedoch immer nur den Ansatz beschreiben, der sich für mich als Best Practice darstellt. Alles andere könnte ein eigenes Buch füllen, sprengt damit in jedem Fall den Rahmen dieses Unterkapitels.

„Statische" Methoden und Felder

Wir fangen mit statischen Methoden und Feldern an. Auch hierfür gibt es Best Practices. Alles beruht auf der einen Überlegung: Auch eine Konstruktorfunktion ist ein Objekt, und als solches kann man ihm beliebige Properties hinzufügen. Zudem ist über die Konstruktorfunktion ein Typ definiert. Damit ist dies die ideale Stelle, um Felder und Methoden zu definieren, die nicht auf einer einzelnen Instanz sinnvoll sind, sondern auf dem Typ selbst. Das kennen wir in Java als statische Elemente.

Die Umsetzung ist sehr einfach:

```
function Person(name) {
    this.name = name;
}

/**
 * Der Lieblingsname aller Personen
 *
 * @type {string}
 * @static
 */
Person.lieblingsName = "Olli";

/**
 * Liefert den Lieblingsnamen aller Personen.
 *
 * @returns {string}
 * @static
 */
Person.getLieblingsName = function () {
    return Person.lieblingsName;
};

console.log(Person.lieblingsName);
// => "Olli";
console.log(Person.getLieblingsName());
// => "Olli";
```

Neu ist hier nur *@static*, das in einem JsDoc-Kommentar eine statische Property deklariert.

Ein Beispiel für eine statische Methode haben wir schon in Kapitel 4 kennen gelernt: *Object.getPrototypeOf*. Diese ist dem gezeigten Muster folgend auf der Funktion *Object* definiert und kann darüber aufgerufen werden.

Enumerationen

Enumerationen sind eine spezielle Art von Konstanten. In Java gibt es dafür seit Java 5 das *enum*-Konzept. In JavaScript kann man dieses Konzept umsetzen, indem man eine Reihe von statischen Properties für jeden Wert der Auszählung definiert. Für Geschlecht könnte das so aussehen:

```
/**
 * Aufzählung für das Geschlecht.
 *
 * @enum {string}
 */
var Geschlecht = {
    MALE: "M",
    FEMALE: "F"
};
```

Wieder gibt es ein spezielles JsDoc-Tag, *@enum*, das auch WebStorm unterstützt. Hier definieren wir, dass unser Geschlecht zwei Werte haben kann. Die Werte sind, wie beim *enum*-Tag angegeben, vom Typ *string*.

Man kann diese Aufzählung nun wie einen Typ nutzen und Variablen als von diesem Typ deklarieren:

```
/**
 * @type {Geschlecht}
 */
var g = Geschlecht.MALE;
console.log(g);
// => "M"
g = Geschlecht.FEMALE;
console.log(g);
// => "F"
```

Eine Zuweisung an einen Wert, der nicht zur Enumeration gehört, wird von WebStorm und anderen Checker-Tools bemängelt. Den Code könnt ihr trotzdem ausführen, der JavaScript Engine ist der in einem Kommentar deklarierte Typ völlig unbekannt:

```
// WebStorm mag das nicht, weil der Typ nicht
// passt, ausführen kann man das dennoch
g = 6;
console.log(g);
// => 6
```

Überladene Methoden und Konstruktoren

In Java kann man Methoden überladen, d. h. innerhalb einer Klasse kann es mehrere Methoden mit demselben Namen geben. Eine Methode in Java wird daher nicht nur über ihren Namen, sondern über ihre Signatur identifiziert, die auch die Typen der Parameter enthält.

Methoden in JavaScript sind Funktionen, die als Properties zu einem Objekt gehören. Eine Property wird eindeutig über ihren Namen identifiziert. Weil es somit nicht zwei Methoden mit demselben Namen geben kann, ist ein Überladen von Funktionen in JavaScript nicht möglich.

Ihr könnt allerdings einen ähnlichen Effekt erzielen. Dazu habt ihr nach wie vor eine einzige Methode in JavaScript, diese prüft allerdings die Argumente auf Typ und/oder Anzahl. Die Mechanismen dafür wurden in Kapitel 3 erklärt.

Da der Name der Konstruktorfunktion den Typ angibt, gibt es offensichtlich genau eine Konstruktorfunktion pro Typ. Für überladene Konstruktoren geht ihr genau so vor wie für überladene Methoden.

Mixins

In Kapitel 4 haben wir bereits einen Mechanismus zum Vererben von Funktionalität kennen gelernt, der allerdings nur Einfachvererbung zulässt.

Hier möchte ich einen zusätzlichen Ansatz vorstellen, um Mehrfachvererbung in JavaScript umzusetzen, nämlich Mixins [24]. Bei diesem Muster können wir nach wie vor von einem Typ erben, aber gleichzeitig beliebig viele andere Typen in unseren neuen Typ hineinmischen. Analog zur Methode _extends aus Kapitel 4 gibt es dazu eine Methode _mixin. Diese könnte so aussehen:

```
function _mixin(_sub, _super) {
  for (var p in _super.prototype) {
    if (_super.prototype.hasOwnProperty(p)) {
      _sub.prototype[p] = _super.prototype[p];
    }
  }
}
```

Der Typ, den wir hineinmischen wollen, ist hier _super. Dessen Eigenschaften werden in _sub hineingemischt. Dazu kopieren wir die Referenzen aller Properties von _super in _sub. In dieser Variante schränken wir das mit hasOwnProperty [23] auf die Properties ein, die direkt in _super definiert sind, also selbst nicht geerbt werden. Eine Variante, die auch die geerbten Properties hineinmischen möchte, ist sehr leicht durch das Weglassen der if-Bedingung zu erreichen.

Ein komplettes Beispiel könnt ihr in den Quellen zu diesem Buch auf GitHub unter [25] finden.

Polymorphismus

Jeder Zugriff auf eine Property und damit auf Methoden ist in JavaScript dynamisch. Polymorphismus [26] ist damit für JavaScript kein Problem, da ohnehin keine Methode fest gebunden ist.

Um das zu illustrieren, möchte ich das Vererbungsbeispiel aus Kapitel 4 mit einer weiteren Unterklasse *Female* erweitern. Macht euch noch einmal mit dem Beispiel aus Unterkapitel 4.4 vertraut, hier möchte ich nur den neuen Code angeben:

```
/**
 * Erzeugt eine weibliche Person.
 *
 * @param name
 * @constructor
 * @extends Person
 */
function Female(name) {
    Person.call(this, name, "Female");
}
_extends(Female, Person);

/**
 * @override
 */
Female.prototype.getName = function () {
    return "Mrs " +
        Person.prototype.getName.call(this);
}
```

So eine weibliche Person können wir natürlich wieder ganz leicht anlegen. Der wesentliche Unterschied zu einer männlichen Person ist, wie der Name ausgeben wird:

```
/**
 * @type {Female}
 */
var oma = new Female("Oma");
console.log(oma.getName());
// => "Mrs Oma"
```

Nun speichere ich ein männliches und ein weibliches Objekt in ein Array, gehe das Array durch und rufe auf jedem der Personen die *getName*-Methode auf. Natürlich wird hier die jeweils passende Methode ausgewählt, da der Zugriff voll dynamisch stattfindet:

```
/**
 *
 * @type {Array.<Person>}
 */
var personen = [oma, olli];
personen.forEach(function (p) {
    console.log(p.getName());
});
// => "Mrs Oma"
// => "Mr Olli"
```

Bemerkenswert ist dabei noch, wie genau man den Typ der Variable *personen* über das *type*-Tag angeben kann, hier ein Array mit Elementen vom Typ *Person*.

Den kompletten Code zu diesem Beispiel könnt ihr wieder auf GitHub unter [27] finden.

Interfaces

Die Sprache JavaScript bietet weder Klassen noch Interfaces als Sprachkonstrukte. Allerdings definiert Googles Closure-Compiler [21] ein Pattern, das wie ein Interface benutzt werden kann.

Dieses Beispiel dafür ist aus der Closure-Dokumentation übernommen:

```
/**
 * A shape.
 * @interface
 */
function Shape() {};
Shape.prototype.draw = function() {};
```

Das Interface wird durch das Tag *@interface* gekennzeichnet. Alle
zu implementierenden Methoden werden ganz konventionell,
wie in Kapitel 4 gezeigt, an die *prototype*-Property gehängt. Hier
könnten auch dokumentierte Parameter der Methoden stehen.
Offensichtlich haben die Methoden aber leere Implementierungen, da wir hier nur Schnittstellen definieren.

Diese Methoden müssen dann von allen Typen implementiert
werden, die dieses Interface implementieren. Im Prinzip wie in
Java:

```
/**
 * @constructor
 * @implements {Shape}
 */
function Square() {};
Square.prototype.draw = function() {
  // Hier kommt eine sinnvolle Implementierung
};
```

Wir geben über *@implements* an, welche Interfaces wir implementieren.

equals/hashCode

In Java hat jedes Objekt die Methoden *equals()* und *hashCode()*. Darüber werden inhaltliche Vergleiche gemacht und Implementierungen von Hash-Maps ermöglicht.

JavaScript bietet außer dem Vergleich mit == und ===, den wir in Kapitel 2 gesehen haben, keine Mechanismen zum Vergleich von Objekten. Auch für *hashCode()* gibt es nichts Vergleichbares.

Vererbung mit „Object.create"

In Kapitel 4 haben wir die Funktion *_extends* für die Vererbung von Typen hergeleitet. Diese haben wir mit den in Kapitel 4 erlernten Sprachkonstrukten definiert. Hier noch einmal die Funktion zur Wiederholung:

```
function _extends(_sub, _super) {
  // Variante der Konstruktorfunktion _super
  // Hat dieselbe Prototype-Property,
  // tut aber sonst nichts
  var __ = function () {};
  __.prototype = _super.prototype;

  // Das kennen wir schon aus _extendsSimple
  _sub.prototype = new __();

  // Setzt der Konstruktor-Property
  _sub.prototype.constructor = _sub;
}
```

Diese Funktion tut, was sie tun soll: Sie baut eine Prototypenkette auf, die eine Vererbungshierarchie von Typen repräsentiert.

Allerdings ist diese Implementierung nur schwer verständlich. Der Hauptgrund ist, dass ich den Prototyp eines Objekts nicht direkt setzen kann. Also tun wir es in der Implementierung oben über den Konstruktoraufruf mit *new*. Dafür brauche ich aber erst einmal einen Konstruktor, der nichts tut außer ein neues Objekt anzulegen und die Property *prototype* des Supertyps zu übernehmen. Das drückt der Code oben aus – wenn auch umständlich.

Tatsächlich gibt es seit ECMAScript 5 eine statische Methode auf *Object*, die genau das tut, was ich oben beschrieben habe: *Object. create()* [30]! Damit können wir die Funktion *_extends* wie folgt vereinfachen:

```
function _extends(_sub, _super) {
    _sub.prototype =
        Object.create(_super.prototype);
    _sub.prototype.constructor = _sub;
}
```

Object.create() erzeugt also ein neues Objekt mit dem angegebenen Objekt als Prototyp!

In ECMAScript 5 wurde auch ein neues Property-Konzept eingeführt, das unter anderem *getter*- und *setter*-Methoden und einen Schreibschutz von Properties bietet. Eine Konfiguration der Properties ist bei *Object.create()* als optionaler zweiter Parameter möglich. Mehr dazu unter [31] und [32].

6.3 JSON

In Java kann man Objekte über Serialisierung in ein binäres Format bringen. Das tut man meist, wenn man Objekte über eine Netzwerkverbindung übertragen möchte. Manchmal und insbesondere, wenn man nicht mit einem Java-System kommuniziert, ist diese Serialisierung nicht optimal. Oft kommt dann das JSON-Format zum Einsatz. Damit ist ein Datenaustausch zwischen den unterschiedlichsten Systemen möglich.

JSON (*JavaScript Object Notation*) [3] ist für JavaScript sogar das natürliche Serialisierungsformat. Es ist dabei einem Objekt-Literal sehr ähnlich. Allerdings mit den folgenden Unterschieden:

1. Die Namen der Properties müssen Strings in doppelten Anführungszeichen sein, z. B. "feldName"

2. Die Werte sind entweder

   - Primitive
   - Arrays
   - *null* oder
   - Eingebettete JSON-Objekte

Über *JSON.parse* kann man Strings, die im JSON-Format vorliegen, in normale JavaScript-Objekte wandeln:

```
var json = '{ \
    "principle": 199990.00,\
    "total": 503409.60,\
    "payments": 360,\
    "monthly": 1398.36\
}';
var obj = JSON.parse(json);
console.log(obj.payments);
// => 360
```

Die Gegenrichtung ist ebenso einfach:

```
var jsonString = JSON.stringify(obj);
console.log(jsonString);
// => {"principle":199990,"total":503409.6,"payment
// s":360,"monthly":1398.36}
```

Diese beiden Funktionen sind nativ im globalen *JSON*-Objekt vorhanden [7] und seit ECMAScript 5 im Standard.

6.3 Reguläre Ausdrücke

Seit ECMAScript 3 gibt es in JavaScript auch reguläre Ausdrücke mit einer speziellen Syntax:

```
var regexp = /ab+c/;
// oder
var regexp = new RegExp("ab+c");
```

Wir beschreiben mit der üblichen Syntax für Reguläre Ausdrücke Eigenschaften von Strings. In diesem Beispiel müssen diese mit *a* anfangen, dann muss mindestens einmal *b* kommen und am Ende genau ein *c*.

Mit der Methode *exec* könnt ihr einen String mit einem solchen regulären Ausdruck analysieren. Wenn der String nicht zu dem regulären Ausdruck passt, wird *null* zurückgeliefert:

```
// Das passt nicht
var res = regexp.exec("Prefix abbbb");
console.log(res);
// => null
```

Wenn es eine Übereinstimmung gibt, wird ein Array zurückgegeben. In ihm sind der zum regulären Ausdruck passende String, die Position innerhalb des Gesamt-Strings und der Gesamt-Strings selbst angegeben:

```
// Das passt
var res = regexp.exec("Prefix abbbbc Suffix");
console.log(res);
// => ["abbbbc", index: 7, input: "Prefix abbbbc
// Suffix"]
```

Weitere Methoden, die ihr auf regulären Ausdrücken ausführen könnt, und weitere Details unter [14].

6.4 Typische Fragestellungen

Hier sind ein paar typische Fragen von Java-Entwickeln gesammelt, die gerade mit JavaScript anfangen. Die Antworten sind so knapp wie möglich formuliert.

Testen

Mocha [9] und Jasmine [8] sind die am weitesten verbreiteten Testframeworks in JavaScript. Als das etabliertere Framework möchte ich hier Jasmine kurz vorstellen.

Jasmine ist vergleichbar mit JUnit, allerdings ist das Vokabular eher BDD-orientiert [4], und die Tests laufen im Browser ab. Wie ihr in diesem Beispiel sehen könnt, wird mit *describe* eine Testsuite, mit *it* ein Testfall und mit *expect* eine Zusicherung ausgedrückt:

```
describe("Calculator", function () {
    var data;

    beforeEach(function () {
        data = calculateData(...);
    });

    it("principle", function () {
        expect(data.principle).toEqual(100);
    });

    // weitere Testfälle ...

});
```

Das Ergebnis eines solchen Testlaufs im Browser könnt ihr in Abbildung 6.1 sehen. Die Darstellung im Browser übernimmt dabei
dieselbe Funktion wie die JUnit-View in unterschiedlichen Java-
IDEs.

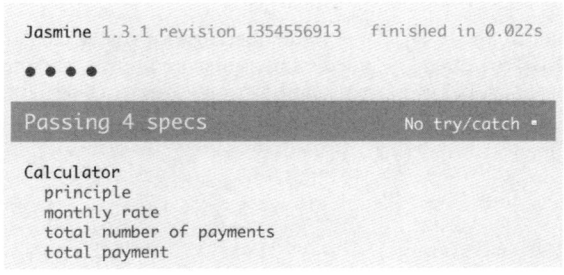

Abbildung 6.1: Report von erfolgreichen Jasmine-Tests im Browser

entwickler.press

„eval" und Sicherheit

JavaScript bietet die Funktion *eval*, mit der man einen beliebigen String ausführen kann, der gültiges JavaScript enthält. Vor ECMAScript 5 wurde diese Funktion auch benutzt, um JSON in JavaScript-Objekte zu wandeln. Davon wird nun abgeraten, und es sollten eher die Funktionen benutzt werden, die nur dafür gedacht sind. Diese sind weiter oben in diesem Kapitel beschrieben.

An vielen Stellen, am kürzesten aber unter [11], ist dargestellt, dass *eval* und andere Funktionen, die *eval* nutzen, ein Sicherheitsrisiko darstellen können. Jeder dynamische String, der im Browser in diese Funktion gesteckt wird, könnte potenziell bösartig sein.

PROFITIPP: Eval nur nutzen, wenn ihr dafür gute Gründe habt und dabei das Sicherheitsrisiko im Auge behaltet.

Build-Prozess

Grundsätzlich braucht JavaScript keinen Build-Prozess, da JavaScript im Gegensatz zu Java sofort ausführbar ist und nicht kompiliert werden muss. Allerdings gibt es auch bei JavaScript den Wunsch nach Automatisierung von Tests, zusätzlichen Checks, Minifizierung etc. Bei der Minifizierung werden alle JavaScript-Dateien eines Projekts in eine einzige, möglichst kleine Datei zusammengefasst. Dabei werden zumindest alle Kommentare und unnötige Leerzeichen weggelassen. Es kann weitere Optimierungsschritte geben, die zudem Namen von Variablen und Funktionen verkürzen. Ein solcher Schritt kann den Programmcode gleichzeitig unleserlich machen, was ein gewünschter Effekt sein kann. Man spricht dann von einem Obfuscator [5].

Bei der Automatisierung von Aufgaben ist das Werkzeug der Wahl Grunt [12]. Bower [13] erledigt das Management und die

---

Installation von Bibliotheken. Yeoman [10] kombiniert die beiden und fügt noch das Erzeugen von Anwendungsrahmen über die Kommandozeile hinzu.

Internationalisierung

Konzepte zur Internationalisierung von Meldungen, Ausgaben oder Texten gibt es als Standard oder Teil der Sprache *nicht.* Jedes Framework und jede Bibliothek löst dies anders, teilweise abenteuerlich.

Allerdings gibt es seit Dezember 2012 die Spezifikation eines *ECMAScript Internationalization API* [28]. In dieser Spezifikation fehlt jedoch das Laden lokalisierter Texte oder anderer Ressourcen. Zudem ist die Liste der Browser, die dieses API unterstützen [29], Stand Mitte 2013 noch sehr kurz (nur Chrome).

Rechnen mit beliebiger Genauigkeit

In Java kann man mit *BigDecimal* mit beliebiger Genauigkeit rechnen. Das geht in JavaScript nur mithilfe von Bibliotheken [2]. Da man *BigDecimal* oft in Verbindung mit Geld nutzt und die unter [2] erwähnten Bibliotheken kaum die Qualität von *BigDecimal* in Java haben dürften, komme ich zur folgenden Empfehlung:

PROFITIPP: Wenn es um die verlässliche Berechnung von Geldbeträgen geht, ist JavaScript nicht die Sprache der Wahl. Solche Berechnung sollten am besten auf dem Server, z. B. mit Java, gemacht werden.

Checker/Linter

In JavaScript haben sich die beiden Checking-Tools/Linter JsLint [15] und dessen Fork JsHint [16] als De-facto-Standard etabliert. WebStorm bietet für diese beiden eine sehr gut konfigurierbare Integration, und auch die oben erwähnten Build-Tools unterstützen sie.

Sinn dieser Tools ist das Überprüfen eurer Programme auf typische Fehler, schwer wartbaren Code und die Einhaltung von Konventionen. Da gerade im Bereich Konventionen und was guten Code ausmacht nicht immer Einigkeit herrscht, ist insbesondere JsHint sehr gut konfigurierbar.

PROFITIPP: Nutzt zumindest einen der beiden hier erwähnten Linter. Konfiguriert die Linter so, dass ihr jede Warnung, die sie ausgeben, auch ernst nehmen wollt. Sorgt danach dafür, dass eure JavaScript-Dateien keine Warnungen mehr enthalten. Falls Warnungen dennoch nicht zu vermeiden sind, schreibt einen aussagekräftigen Kommentar.

Konventionen

Douglas Crockford hat vor langer Zeit einige Vorschläge für Codekonventionen in JavaScript gemacht [1]. Unter [17] finden sich moderne Konventionen, die von einer ganzen Reihe von JavaScript-Entwicklern gepflegt und geteilt werden. Ich empfehle sie als Grundlage für eigene Konventionen.

IDEs für Java und für JavaScript

Es wird euch nicht verborgen geblieben sein, dass ich ein großer Fan der *WebStorm* IDE bin. Wenn ihr allerdings Code sowohl in Java als auch in JavaScript schreiben wollt, bietet sich *IntelliJ IDEA Ultimate* an [18]. Mit den entsprechenden Plug-ins kann *IDEA* dasselbe wie *WebStorm*. Dazu bietet es eine hervorragende Java-Entwicklungsumgebung. Aktuell kann ich nichts im *Eclipse*-Umfeld empfehlen.

Links & Literatur

[1]   Vorschlag für Codekonventionen von Douglas Crockford:
      http://javascript.crockford.com/code.html

[2]   Bibliotheken für BigDecimal: *http://stackoverflow.com/
      questions/744099/is-there-a-good-javascript-bigdecimal-
      library*

[3]   JSON: *https://developer.mozilla.org/en-US/docs/JSON*

[4]   Behavior-driven Development: *http://de.wikipedia.org/wiki/
      Behavior_Driven_Development*

[5]   Obfuscator: *http://de.wikipedia.org/wiki/Obfuscator*

[6]   JSON auf Wikipedia: *http://de.wikipedia.org/wiki/
      JavaScript_Object_Notation*

[7]   Die nativen JSON-Funktionen: *https://developer.mozilla.org/
      en-US/docs/Using_native_JSON*

[8]   Die Spezifikation des BDD-Testframeworks Jasmine, selbst
      als Jasmine-Test: *http://pivotal.github.io/jasmine/*

[9]   Das Mocha-Testframework: *http://visionmedia.github.io/
      mocha/*

[10] Yeoman: Yo/Grunt/Bower: *http://yeoman.io/*

[11] Ein paar wirklich wichtige Dinge in JavaScript: *http://
      benlakey.com/2013/05/26/javascript-the-important-parts/*

[12] Grunt, der JavaScript Task-Runner: *http://gruntjs.com/*

[13] Bower, der JavaScript-Package-Manager: *http://bower.io/*

[14] Reguläre Ausdrücke: *https://developer.mozilla.org/en-US/
      docs/Web/JavaScript/Guide/Regular_Expressions*

[15] Der JavaScript Linter JSLint von Douglas Crockford:
      http://www.jslint.com/

[16] Der JavaScript Linter JSHint: *http://www.jshint.com/*

[17] Moderne JavaScript-Codekonventionen: *https://github.com/rwldrn/idiomatic.js*

[18] IDE für kombinierte Java- und JavaScript-Entwicklung: *http://www.jetbrains.com/idea/*

[19] Statisches Binden von Parametern an Funktionen mit bind: *https://developer.mozilla.org/en-US/docs/Web/JavaScript/Reference/Global_Objects/Function/bind*

[20] Das DOM (Document Object Model) : *http://de.wikipedia.org/wiki/Document_Object_Model*

[21] Googles Closure-Compiler hat ein Konzept von Interfaces in JavaScript: *https://developers.google.com/closure/compiler/docs/js-for-compiler#tag-interface*

[22] Douglas Crockford: „JavaScript: The Good Parts: Working with the Shallow Grain of JavaScript", O'Reilly Media, 2008

[23] Check, ob ein Property zu einem Objekt gehört: *https://developer.mozilla.org/en-US/docs/Web/JavaScript/Reference/Global_Objects/Object/hasOwnProperty*

[24] Mixins: *https://de.wikipedia.org/wiki/Mixin*

[25] Komplettes Mixin-Beispiel in den Quellen des Buchs auf GitHub: *https://github.com/DJCordhose/javascript-fuer-java-entwickler/tree/master/kap6/oo-mixins*

[26] Polymorphismus: *http://de.wikipedia.org/wiki/Polymorphie_(Programmierung)*

[27] Komplettes Beispiel für Poymorphie in den Quellen des Buchs auf GitHub: *https://github.com/DJCordhose/javascript-fuer-java-entwickler/tree/master/kap6/oo-polymorph*

[28] Erweiterung der ECMAScript-Spezifikation um Internationalisierung: *http://ecma-international.org/ecma-402/1.0/*

[29] Aktuelle Unterstützung des Internationalisierungs-API: *https://developer.mozilla.org/en-US/docs/JavaScript/ Reference/Global_Objects/Intl#Browser_Compatibility*

[30] Vererbung mit Object.create in ECMAScript 5: *https:// developer.mozilla.org/en-US/docs/JavaScript/Reference/ Global_Objects/Object/create*

[31] Definition einer Eigenschaft eines Objekts in ECMAScript 5: *https://developer.mozilla.org/en-US/docs/JavaScript/ Reference/Global_Objects/Object/defineProperty*

[32] Definition mehrerer Eigenschaften eines Objekts in ECMAScript 5: *https://developer.mozilla.org/en-US/ docs/JavaScript/Reference/Global_Objects/Object/ defineProperties*

entwickler.press

Stichwortverzeichnis

entwickler.press

entwickler.press